Karl Jaspers, Plato

Karl Jaspers umreißt den Stand der Plato-Forschung und den Stellenwert Platos für die abendländische Philosophie folgendermaßen: »Die an Plato geleistete außerordentliche philologische und philosophische Arbeit hat wohl in äußerlichen Tatsächlichkeiten, nicht aber in wesentlichen Grundfragen des Plato-Verständnisses Einmütigkeit erreicht. Diese Schwierigkeit liegt in der Natur der Sache, nämlich in der Philosophie als solcher: Plato ist der Gründer für das, was erst seit ihm mit vollem Gewicht des Sinns den Namen Philosophie trägt. Plato verstehen, heißt nicht, ihn an einem Vorbegriff von Philosophie messen, sondern: an ihm das ihm Folgende und sich selbst prüfen, ob man ihm folgt oder etwas ganz anderes tut.«

Diese Plato-Monographie, die dem ersten Band der »Großen Philosophen« von Karl Jaspers entnommen ist, erscheint jetzt erstmals als Einzelausgabe. Die Kapitel »Augustin« und »Kant« liegen bereits als Einzelbände in der Serie Piper vor.

Karl Jaspers, geb. 1883, studierte zuerst Jura, dann Medizin; Promotion in Heidelberg. Während seiner Assistentenzeit an der Psychiatrischen Klinik habilitierte er sich 1913 für Psychologie; 1916 Professor für Psychologie. Von 1921 bis zu seiner Amtsenthebung 1937 Professor für Philosophie in Heidelberg; Wiedereinsetzung 1945. Von 1948 bis zu seinem Tod im Jahre 1969 Professor für Philosophie in Basel.

Serie Piper:

Karl Jaspers

Plato

R. Piper & Co. Verlag

ISBN 3-492-00447-4

Umschlag Wolfgang Dohmen
Gesetzt aus der Garamond-Antiqua
Gesamtherstellung Clausen & Bosse, Leck/Schleswig
Printed in Germany

Inhalt

PLATO

Quellen: Werke, Ausgabe von Burnet. – Übersetzungen von Schleiermacher, Apelt, Salin. Gesamtausgabe aller echten und unechten Platowerke aus alten Übersetzungen in drei Bänden bei Lambert Schneider. – Zu Platos Leben: Der Siebente Brief; Plutarch: Dion; Diogenes Laertius: 3. Buch.
Literatur: Zeller, Jaeger, Friedländer, – Ritter, Geffken, Ernst Hoffmann. – Ackermann, Natorp, Erich Frank, Stenzel, Reidemeister, Krüger. – Ivo Bruns, Eduard Meyer, Friedemann, Wilamowitz. – Bonitz, Apelt, Roß, Wilpert. – Leisegang.

Die an Plato geleistete außerordentliche philologische und philosophische Arbeit hat wohl in äußerlichen Tatsächlichkeiten, nicht aber in wesentlichen Grundfragen des Plato-Verständnisses Einmütigkeit erreicht. Diese Schwierigkeit liegt in der Natur der Sache, nämlich in der der Philosophie als solcher: Plato ist der Gründer für das, was erst seit ihm mit vollem Gewicht des Sinns den Namen Philosophie trägt. Plato verstehen, heißt nicht, ihn an einem Vorbegriff von Philosophie messen, sondern: an ihm das ihm Folgende und sich selber prüfen, ob man ihm folgt oder etwas ganz Anderes tut.

I. Leben, Schriften, Voraussetzungen des Plato-Verständnisses

Platos Leben (428–347):

Plato entstammte dem hohen athenischen Adel. Die mütterliche Abstammung führt auf den Bruder Solons, die väterliche sagenhaft auf den König Kodros zurück. Eine tiefe Bindung hielt ihn an Athen, diese Polis, die Solons Gesetzgebung hervorgebracht, die Perser besiegt, die Freiheit gerettet, die Tragödie geschaffen und die Akropolis erbaut hatte. Seine Herkunft brachte ihm die Souveränität und Leichtigkeit und Unbefangenheit des Geistes, in der die strenge Zucht eines unendlich arbeitsreichen Lebens sich verbirgt.

Mit 20 Jahren schloß sich Plato dem Sokrates an, der Adlige einem Kleinbürger. Von dem Umgang beider (408–399) bis zur Hinrichtung des Sokrates wissen wir nichts Näheres.

Etwa 389–388, als Plato vierzig Jahre alt war, machte er eine Reise nach Großgriechenland, d. h. nach Unteritalien und Sizilien. Er lernte in Italien die Pythagoräer kennen, in Syrakus den Tyrannen Dionysios I., gewann die Freundschaft mit dessen Schwager Dion, einem damals zwanzigjährigen Jüngling, der sich ihm und seiner Philosophie enthusiastisch anschloß. Nach der Rückkehr von dieser Reise (etwa 388) gründete Plato die Akademie. 368, als Plato sechzig Jahre alt war, kam Aristoteles, damals zwanzigjährig, in ihren Kreis (und gehörte ihm zwei Jahrzehnte bis zu Platos Tod [347] an).

367 starb Dionys I. Dessen Sohn Dionys II. und Dion zogen Plato nach Syrakus. Der Tyrann sollte mit dem Philosophen den neuen Staat erbauen – es war die für Plato ungeheure Chance, seine politischen Ideen zu verwirklichen. Schon bei der ersten Reise 366/65 scheiterte der Umgang mit Dionys. Noch einmal, fünf Jahre später, ließ sich Plato locken (361/360), wieder war das Ende bös. Diese beiden Versuche machte Plato mit 62 und 67 Jahren. In der Folge der Ereignisse zog Dion mit einem angeworbenen Heere nach Syrakus, vertrieb den Tyrannen und wollte nun seinerseits den philosophischen Staat Platos gründen. Dion wurde 354 ermordet. Plato war 74 Jahre alt. Seine bewegendsten Freundschaften hatten ihn einst dem 40 Jahre älteren Sokrates und jetzt dem 20 Jahre jüngeren Dion verbunden. Nach dessen Verlust lebte er noch sieben Jahre.

Plato wurde geboren, als Perikles starb, erlebte als Kind und Jüngling die Katastrophe Athens, den Wechsel der Parteien und Verfassungen, die turbulente, Unheil zeugende Bewegung der politischen Zustände. Sein Leben lag in der Zeit vor der Wende von der Poliswelt zur Großstaatswelt, vom Griechentum zum Hellenismus. Er erlebte sehend den Ruin, aber er kannte und ahnte noch nicht die neue, andere Welt. In dieser Situation hatte der Jüngling, zumal vermöge der Überlieferung seiner Familie, leidenschaftlich zur Teilnahme am politischen Leben gedrängt. Doch er erkannte die Heillosigkeit der Zustände. Nach Sokrates' Tod faßte er den radikalen Entschluß, sich zurückzuziehen und der Philosophie zu leben, jedoch bereit, mitzuhandeln, wenn in einer neuen Situation ein Ruf an ihn gelangen sollte. Über all dies wissen wir durch ihn selber, denn nach Dions Ermordung schrieb er einen Brief an dessen Freunde (den Siebenten Brief), das einzige und ergreifende Dokument, das uns zuverlässige Einsicht in Platos Leben gibt. Er legt Rechenschaft ab. Er berichtet, wie ihm in der Jugend das Politische Enttäuschung auf Enttäuschung brachte. In Athen war nach der Katastrophe zunächst die Oligarchie der Adligen (404) von so rechtloser und rechtsfeindlicher Art, daß die frühere Demokratie sich wie Gold dagegen ausnahm; Plato verweigerte sich ihr. Die dann wiederhergestellte Demokratie (403) schien ihm neue Chancen zu eröffnen. Aber diese Demokratie machte dem Sokrates den Prozeß. »Schließlich kam ich zu der Überzeugung, daß alle jetzigen Staaten samt und sonders politisch verwahrlost sind, ... der Zustand ist heillos ohne eine ans Wunderbare grenzende Veranstaltung im Bunde mit einem glücklichen Zufall.« »Und so sah ich mich denn zurückgedrängt auf die Pflege der echten Philosophie, der ich nachrühmen konnte, daß sie die Quelle der Erkenntnis ist für alles, was im öffentlichen Leben sowie für den Einzelnen als wahrhaft gerecht zu gelten hat. Es wird die Menschheit, so erklärte ich, nicht eher von ihrem Leiden erlöst werden, bis entweder die wahren Philosophen zur Herrschaft im Staate gelangen oder bis die Inhaber der Regierungsgewalt in den Staaten durch göttliche Fügung sich zur ernstlichen Beschäftigung mit der echten Philosophie entschließen.«

Plato hat, wo ihm die Chance schien (in Syrakus), sich wagemutig auf politische Versuche eingelassen. Er hat jedoch keinen Kompromiß gemacht. Er wollte das Ganze einer Polis in wahre Ordnung bringen. Er wollte nicht irgendeine Politik ergreifen, nur um dabei zu sein und das sogenannte Bestmögliche zu tun. Er wollte alles oder nichts. Nur eine solche Politik war ihm recht, die das Ethos des Menschen begründen konnte, indem sie ihn zum eigentlichen Menschen bildete. Plato hat ständig über die Politik nachgedacht. Das größte Werk der reifen Zeit handelt vom Staat, sein umfangreichstes Werk, das er im Alter abschloß, handelt von den Gesetzen. Aber die Politik, so leidenschaftlich sie von ihm in seinen Gedanken ergriffen wurde, war ihm nicht das Letzte: dies ist allein auf dem Wege der reinen Philosophie zu berühren.

Platos Schriften:

Durch die philologische Arbeit eines Jahrhunderts sind die Schriften Platos, wie sie im corpus platonicum aus dem Altertum überliefert sind, gereinigt und geordnet. Nach außerordentlichen Schwankungen der Meinungen ist eine annähernde Einmütigkeit erreicht in der Unterscheidung der echten von den unechten Schriften und in der Zeitfolge ihrer Abfassung.

Die unechten Dialoge sind z. T. nicht unbedeutend. Sie spiegeln den Geist, der in mannigfachen Formen in der Akademie Geltung suchte. Der Kontrast zu den echten Platonischen Schriften ist eindrucksvoll, zumal bei denen, die einen didaktisch klaren Geist oder eine schwärmerische Begeisterung oder rationale Skepsis oder eingleisige Radikalismen oder Legendenbildung zeigen. Angesichts ihrer wird Platos unwiederholbarer Rang deutlich fühlbar und das Plato-Verständnis vertieft.

Die in den großen Gruppen eindeutige, im einzelnen schwankende Chronologie der Dialoge sieht etwa so aus: 1. Der Prozeß des Sokrates: Apologie, Kriton. – Frühdialoge: Protagoras, Ion, Laches, Lysis, Charmides, Euthyphron, Hippias major. – 2. Nach der ersten Reise 388 Gründung der Akademie: wahrscheinlich: Gorgias, Menon, Euthydem, Kratylos, – sicher: Symposion, Phaidon, Politeia, Theätet. – 3. Nach der 2. Reise 366: Parmenides, Sophistes, Politikos, Philebos, Phaidros. – 4. Nach der 3. Reise 361: Timäus, Kritias, Gesetze, – der Siebente Brief.

Der Typus der Schriften ist nach den Gruppen charakteristisch verschieden.

Für sich stehen die Dokumente über den Prozeß des Sokrates: Apologie und Kriton. – Die Frühdialoge, die im engeren Sinn sogenannten sokratischen Dialoge, lassen die szenische Situation ungemein anschaulich werden (obgleich dieser Zug gelegentlich auch später, im Phaidros sogar noch schöner wiederkehrt), ihrem Inhalt nach haben sie einen überwiegend aporetischen Charakter: in Unlösbarkeiten bleiben die Fragen offen. – In den folgenden Dialogen ist das eigentümlich Platonische Denken schon lebendig, vor allem im Gorgias und Menon. – Die klassischen Werke: Symposion, Phaidon, Politeia bringen die Platonische Philosophie im Gleichgewicht aller Motive, in dem Reichtum ihrer Bezüge, in der Tiefe des Einen. – Die Dialektik wird vorherrschend im Theätet, Parmenides, Sophistes, Politikos, Philebos. – Der Phaidros ist einzig, von jugendlicher Lebendigkeit und vollendeter Reife des Philosophierens, ein Werk, das seinen chronologischen Ort am meisten gewechselt hat, als Frühwerk galt und heute ganz spät angesetzt wird, jedenfalls gewiß zu den Alterswerken gehört. – In den Altersschriften – Timäus, Kritias, Gesetze – tritt der Dialogcharakter zurück zugunsten lehrhaft entfaltender Darstellung.

Will man gruppieren *nach Inhalten*, so kommen vor allem in Betracht: Für die Gestalt des Sokrates: Euthyphron, Apologie, Kriton, Phaidon; Protagoras; die vollendete Idee des Sokrates: Symposion, Phaidros. – Für das Staatsdenken: Staat, Politikos, Gesetze, Kritias. – Für die Dialektik: Parmenides, Sophist, Politikos, Theätet, Philebos, 6. und 7. Buch des Staats; von früheren schon: Kratylos, Euthydem, Menon. – Für das Weltall: Timäus, Phaidon, Philebos. – Für Mathematik: Menon, Staat.

Kennzeichnend ist die *Bevorzugung gewisser Dialoge* und Dialoggruppen: Im späteren Altertum und im Mittelalter stand an erster Stelle der Timäus: der Bau des Weltalls und die Weltschöpfung. – Seit dem späten Altertum hatte auch eine bevorzugte Stelle der Parmenides, insofern man ihn verstand als Theologie. – Die ergreifendsten und lebendigsten Dialoge waren von jeher: der Phaidon als das Erbauungsbuch angesichts des Todes, durch das man sterben lernte; dann Apologie und Kriton, die die unabhängige Gestalt des Sokrates zeigen, wie er standhält und durch den Tod die Wahrheit bezeugt; dann Symposion und Phaidros, die den Sokrates in der Welt, ergriffen vom Eros, zur Anschauung bringen; dann der Gorgias, der die Alternative zwischen Gut und Böse unerbittlich stellt. – Die Staatsschriften: Staat, Politikos, Gesetze fesseln durch den Ernst der Grundfrage unseres gemeinschaftlichen Daseins als Bedingung des Menschseins. – Heute haben ein bevorzugtes Interesse die »logischen« Dialoge gewonnen: Theätet, Parmenides, Sophistes, Philebos.

Um den ganzen Plato kennenzulernen, ist kein Dialog entbehrlich. Wohl gibt es die Hauptwerke. Aber die andern lassen je etwas Wichtiges unersetzlich erleuchten. Und alle sind schön. Sie bieten einen unvergleichlichen Genuß zugleich mit der Vertiefung der philosophischen Einsicht, abgeschwächt zwar, doch noch wunderbar auch in der Übersetzung.

Voraussetzungen des Plato-Verständnisses:

a) *Die Frage, wie Plato zu interpretieren sei:* Die Interpretation beginnt mit *einzelnen* Dialogen. Man disponiert und konstruiert sie als ein je Ganzes, als Gedankengebilde und als Kunstwerk. Man holt aus anderen Dialogen thematisch Analoges, vergleicht Aufbau, Szenerie, Personen. Es scheint eine Barbarei, solche Kunstwerke zu zerreißen, wenn man die Schönheit und die Stimmung des je besonderen Dialogs auf sich wirken läßt. Aber doch weist jeder Dialog auch über sich hinaus, der Gehalt des Dialogs drängt weiter. Um ihn zu verstehen, muß man alle Dialoge verstehen und den einzelnen als Glied im Gesamtwerk.

Man ergreift das *Gesamtwerk.* Dabei wurde die Voraussetzung gemacht, daß das Platonische Denken ein System sei oder auf ein System hin sich entwickle, wie später das des Aristoteles und vieler anderer Philosophen. Dann muß man denken: leider hat Plato dies System nicht dargestellt. Es zeigt sich innerhalb der Dialoge nur eingehüllt, übersponnen von »Dichtung« und ständig begleitet von Exkursen. Man vermutet, Platos System habe in seinen akademischen Lehrvorträgen vorgelegen, die im Unterschied von denen des Aristoteles nicht erhalten geblieben seien. Die Berichte des Aristoteles sollen wenigstens für den alten Plato den Inhalt seiner Lehrvorträge zu rekonstruieren erlauben. Bei solcher Voraussetzung des Systems behandelt man die Dialoge wie Steinbrüche, aus denen man die Gedanken herauslöst als Bausteine, die zu einem Systembau gehören, den man aus ihnen zusammensetzt: das System Platos in Gestalt einer umfassenden Lehre (Zeller). Dabei zeigt sich aber Schwierigkeit über Schwierigkeit: Es empört die Sinnwidrigkeit, die im Zerstören der geistigen Gebilde zugunsten eines doch imaginären rationalen Totalsystems liegt. Der Bau selber gelingt nicht, weil sich die Widersprüche häufen, wenn man alle Gedanken in einem rationalen Gesamtzusammenhang an ihrem gehörigen Platze sehen will.

Das Recht und die Notwendigkeit, die fünfzig Jahre von Platos Denken und Schreiben als ein Ganzes aufzufassen, ist nicht zu bestreiten. Die Frage ist nur, in welchem Sinne dieses Ganze sei. Denkwürdig ist die Frage Schleiermachers und die Gegenthese Herrmanns. *Schleiermacher* nahm an, Plato habe sein Gesamtwerk nach einem Plane entworfen, um seine systematische Philosophie in der didaktisch wirksamsten Form, beginnend mit einer Einleitungsschrift (dem Phaidros), mitzuteilen. Nun ist wunderlich anzunehmen, daß ein Philosoph derart planen könnte, was in fünfzig Jahren verwirklicht wird. Zudem ist die zeitliche Reihenfolge der Dialoge, die Schleiermacher annahm, durch die philologische Sprachstatistik zwingend widerlegt und in den großen Gruppen wenigstens die Chronologie ganz anders, als er sie annahm, gesichert.

Herrmanns These schien gegen Schleiermacher überzeugend. Sie besagt das psychologisch Natürliche: Platos Schriften seien der Ausdruck einer geistigen Entwicklung durch ein Leben. Nun ist es aber keineswegs gelungen, eine solche Entwicklungsgeschichte überzeugend zu schreiben. Schon die frühesten Dialoge sind Meisterwerke. In ihrer Art sind sie nicht zu übertreffen. Die Schriften zeigen in der Folge Entfaltungen und Erweiterungen des Gedankens, eine wunderbare Fülle, aber keinen Bruch. Eine Revolution der Denkungsart fand nur einmal statt, durch Sokrates, *vor* allen uns vorliegenden Schriften Platos. In ihnen selber kommen einschneidende, sein gesamtes Philosophieren auf einen neuen Boden hebende Neuerungen nicht vor. Was man in dieser Richtung aus den Texten durch Fakten zu begründen schien, wurde durch andere Fakten widerlegt. Wohl lassen sich beim Blick auf das Gesamtwerk in großen Gruppen manche beträchtlichen Unterschiede aufweisen, z. B. das Zurücktreten des Sokrates in manchen späteren Dialogen, sein Fehlen in den »Gesetzen« (aber im späteren Phaidros ist er wieder einzig lebendig da), – die Ideenlehre in ihren Ansätzen, ihren Entfaltungen, ihrer Selbstzersetzung und ihrem Zurücktreten, als ob sie überflüssig sei, und ihr schließliches Neuauftreten in einfach dogmatischer Form – das logisch-dialektische, spekulative Denken in der späteren systematischen Konstruktion –, die anscheinende Verwandlung der dialogischen Mitteilung in den Lehrvortrag der spätesten Schriften (besonders Timäus und Gesetze, – dazu die Tatsache der Platonischen Lehrvorträge in der Akademie und die, wenn auch nur fragmentarische, Überlieferung von seiner Altersvorlesung »Über das Gute«) –, „anscheinend", sagte ich, weil in den erhaltenen Schriften Platos der eigentümliche Charakter der Schwebe durchaus bewahrt ist.

Keine Wandlung kann aufgefaßt werden als das, was bei manchen späteren Philosophen Veränderung des Standpunkts heißt.

So scheint in Schleiermachers These die bleibende Wahrheit zu stecken (im Grundgedanken, nicht in dessen Durchführung), daß das Platonische Denken ein Ganzes ist, das in sich bruchlos ohne Sprünge zusammenhängt. Die Entwicklung ist die Entfaltung eines ursprünglich schon Wirksamen, Einen, Sichgleichbleibenden in mannigfachen Stoffen, Begrifflichkeiten und Mitteilungsmethoden. Ein bewußter Plan am Anfang kann völlig fehlen, wenn die Entfaltung so aussieht, als ob ein Plan das Ganze gelenkt hätte. Dies Aussehen ist der Charakterzug der philosophischen Schöpfung, die im Medium höchster Bewußtheit im ganzen doch unbewußt erfolgt.

b) *Die Aufgabe der Darstellung:* Wenn weder Platos Entwicklungsgeschichte noch Platos System darzustellen sind, dann ist das Ganze von einem übergreifenden Charakter, der sich nicht angemessen objektivieren läßt: das Philosophieren selbst, das Offenbarwerden des Wahren, das in Bewegung bleibt ohne Abschließbarkeit. Lehre als System kommt darin vor, systematische Gedankenzusammenhänge sind Werkzeuge dieses Philosophierens, aber nicht ein System als einziges Werkzeug. Plato bleibt Herr seiner Werkzeuge. Wenn die Reproduktion des Platonischen Denkens nicht rational einheitlich erfolgen kann, weder als Entwicklungsgeschichte noch als System, dann sieht sich die Darstellung von Aufgabe zu Aufgabe vorangetrieben.

Das erste ist immer die Auffassung der in den Texten erörterten Sachprobleme. Es sind je besondere Fragestellungen und Themen: logische, politische, physische, kosmische, fast alle Bereiche der Welt und des menschlichen Daseins. Man denkt dem nach, was Plato seine Gestalten sagen läßt, isoliert das philosophisch-thematisch Gesagte als in sich zusammenhängende Lehrstücke, behandelt sie als zeitlose Probleme. Man bringt aus anderen Dialogen das sachlich Zusammengehörende herbei, läßt es sich ergänzen oder in Widersprüchen gegeneinander treten. Die platonischen Gedanken werden einer Kritik dadurch unterworfen, daß man sieht, was in der Natur der Sache liegt und sich bei weiterer Entwicklung dieser Gedanken schließlich unabhängig von Plato zeigt.

Gerade das Unstimmige kann zum Ansatz werden, die Aufmerksamkeit auf das zu lenken, was Plato eigentlich will. Die Sachprobleme bestehen zwar auch als solche und sind offenbar für Plato selber von brennendem Interesse; sie bleiben ferner das unumgängliche Mittel der

Mitteilung für alles Philosophieren, sie dürfen nicht als unerheblich verworfen werden. Aber die weitere eigentliche Frage ist, was sie im Ganzen bedeuten, was ihre Funktion ist, ob und was mit ihnen direkt oder indirekt gemeint ist. Wenn es mißlungen ist, sie aufzufassen als Elemente eines gewaltigen rationalen Gesamtsystems, das aus ihnen als den Fragmenten zu reproduzieren wäre, dann sind sie aufzufassen als Elemente eines ständig in Bewegung bleibenden Philosophierens, dem die Sachprobleme nur eine Sprache sind für ein anderes.

Dieses Andere sucht man zunächst in den philosophierenden Menschen, die Plato in seinen Dialogen erscheinen läßt, vor allem in dem einzigen und alle überragenden Sokrates, dann aber eindrucksvoll in vielen anderen. Sie sind nicht nur der Mund für die Erörterung der Sachprobleme. Vielmehr sind sie als philosophische oder unphilosophische Lebenswirklichkeiten gekennzeichnet durch die Weise ihres Sprechens, ihr Verhalten in Gesprächssituationen, durch ihre Repliken des Augenblicks, durch etwas, das nicht nur ein psychologischer Charakter, sondern eine geistige Stimmung ist. Es sind in den bedeutenden Fällen geistige Mächte, die in den Dialogen durch persönliche Gestalten sich begegnen. Die Sachprobleme erhalten ihre Wahrheit durch ihr Aufgenommensein in die umgreifende Wahrheit, von der her sie überhaupt erst Interesse erwecken.

Wenn die Wahrheit weder als Ergebnis sachlicher Diskussion noch in den sich verstehenden oder sich abstoßenden persönlichen Gestalten vollendet wird, so muß die Auffassung einen weiteren Schritt tun. Plato lenkt unseren Blick auf das, was rational nicht durchschaubar und nicht begründet ist, als Diskussion nicht zur Erscheinung kommt, sondern einfach erzählt wird, auf die Mythen. Sie sind Plato offenbar so wesentlich (entgegen der rational-philosophischen Meinung, daß sie überflüssig seien), daß man hoffte, hier das letzte Geheimnis der Platonischen Wahrheit zu entschleiern. Vergeblich, denn der Charakter des »Spiels« ist von Plato ausdrücklich diesen Mythen aufgeprägt.

Bei diesen drei Schritten, der Auffassung von Sachproblemen, der Auffassung geistiger Lebensgestalten, der Auffassung von Mythen ist jedesmal ein bestimmter Begriff von Philosophie vorausgesetzt, wenn man auf diesem Wege das Entscheidende finden wollte; die Philosophie als Lehre, die Philosophie als persönliche Lebensform, die Philosophie als eine Weise der Dichtung. Jede dieser drei Weisen der Auffassung ist berechtigt, sofern etwas im Platonischen Werk durch sie deutlich wird. Aber jede scheitert, wenn sie die Platonische Philosophie selber damit zu treffen meint. Die Systematisierung der Gedankenelemente gelangt in Unstimmigkeiten und Widersinn. Die Lebensformen sind Gestalten, durch die Plato indirekt Wahrheit zum Ausdruck bringt, sie sind nicht die Wahrheit selber; denn keine der Gestalten, nicht einmal Sokrates, hat immer recht. Die Auffassung als Dichtung ist naheliegend durch die Möglichkeit, Platos Schriften wie Dichtungen (unter Auslassung des gedanklich Schwierigen) zu genießen; sie wird gestützt durch die Meinung, Plato sei geistesgeschichtlich der Nachfolger der Tragödie und Komödie, er selber habe in der Jugend Tragödien gedichtet und sie verbrannt, weil er unter dem Einfluß des Sokrates über die Form der Dichtung hinaus einen neuen Schritt in der Vergewisserung der das Leben führenden Wahrheit tat. Aber dieser neue Schritt geht in das Denken. Es muß sich zeigen, was Denken bei Plato ist.

Die drei Wege der Auffassung bleiben nur wahr, wenn sie geführt sind von diesem Umgreifenden, das nicht direkt darstellbar ist, das heißt von den ursprünglichen Denkvollzügen Platos, aus denen Sachprobleme (Lehren), Gestalten denkender Persönlichkeiten und Entwürfe von Mythen hervorgehen und in die sie wieder einmünden. Durch sie bleibt alles, was in jenen drei Auffassungsweisen sichtbar wird, in Bewegung und in Verwandlungen. Aber das ursprüngliche Denken selber kann nicht anders als auf solchen Umwegen mitteilbar werden. Um Plato zu verstehen, ist man aufgefordert, einzutreten in die Bewegungen, durch die die Vollzüge im Grunde erst wieder gegenwärtig werden können, ungetrübt durch vermeintlichen Besitz von Resultaten, Gestalten, Bildern, die sich dem falschen Lesen verabsolutieren und damit verschleiern und schließlich verschütten, was das Aufgehen des Wahren selbst ist. Diesem Wahren ist nur der offene Raum gemäß; in ihm wird fühlbar die »Zugkraft des Seins«, die dorthin bringt, wohin nur auf dem Wege über jene Vordergründe und Mitteilungsformen, aber nicht schon in ihnen selbst zu gelangen ist.

Daher fordert das Plato-Studium: zu erspüren, was Philosophie sein kann; nicht vorauszusetzen, was Philosophie sei, sondern zu hören, was in seinem geschichtlichen Kleide das Philosophieren Platos ist; zu erfahren, was hier unüberbietbar geschehen ist und was die abendländische Philosophie erst endgültig begründet hat, vielleicht in unendlicher Vieldeutigkeit.

Wem im Umgang mit Plato diese hohe Einschätzung zur Überzeugung geworden ist, der wird eine methodische Voraussetzung machen, die in diesem Maße nur gegenüber sehr wenigen Philosophen standhält: nichts kann in den Texten gleichgültig sein, alles muß im Zusammenhang der philosophischen Mitteilung etwas bedeuten, nichts ist zu erledigen mit bloß ästhetischen oder rationalen Gesichtspunkten. Und damit zusammenhängend: es ist in das Grunddenken Platos, in das Denken in statu nascendi zu gelangen, in dies lebendige Denkgeschehen, aus dem alles entspringt und von dem her gesehen alle Mitteilungsweisen und erst recht alle Inhalte fragmentarisch sind.

Wenn keine sich rundende Gesamtdarstellung der Philosophie Platos möglich ist, so bleibt nur übrig, das unauflösbare Gewebe des Platonischen Philosophierens auf verschiedenen Wegen in seinen Strukturen zu zeigen. Weil das Entscheidende nicht ein Gegenstand ist und nicht ein besonderer Inhalt, sondern das sich hell werdende Selbstbewußtsein eines allumgreifenden Antriebs, dem aufgehen soll, was eigentlich ist und was er selber ist und soll, so ist zu versuchen, diesen Antrieb in der Mannigfaltigkeit seiner Erscheinungen uns spürbar zu machen und, wenn möglich, in uns selber zu erwecken, diesen Antrieb, aus dem das Erkennen folgt, der sogar selbst das Erkennen ist. Was wir nacheinander behandeln, soll hinlenken auf das Eine, das Platonische philosophierende Wirklichwerden des Menschen.

Vorher ist noch ein Blick zu werfen auf die Voraussetzungen dieses Philosophierens, auf seine Gründung in Sokrates und auf seine Beziehung zur gesamten vorsokratischen (besser vorplatonischen) Philosophie.

c) *Plato und Sokrates.* – Für Plato lag der Ursprung seiner Philosophie in der Erschütterung des Jünglings durch Sokrates. Der einzige Mann erweckte, worauf allein es ankommt: die Sorge um die Seele durch das rechte Leben in bezug auf das ewige Sein selbst. Die Liebe zu diesem Mann war eins mit dem eigenen Aufschwung. Platos Philosophie gründet in der lebenwährenden persönlichen Bindung. Der feste Punkt dieser Philosophie ist nicht die Natur, nicht die Welt, nicht der Mensch, nicht ein Forschungsgegenstand, nicht ein Satz, sondern alles dieses darum, weil die begründende Mitte von allem ein Mensch ist. Die Weise dieser Bindung zu sehen, ist eine der Bedingungen des Plato-Verständnisses.

In den Dialogen entwickelt Plato seine Philosophie als Schöpfung des Sokrates. Der originalste Denker verzichtet darauf, seine Originalität zu zeigen. Plato denkt gleichsam in Sokrates. Wir wissen nicht, wie sehr sein eigenes Denken in dem wurzelt, was ihm im Gespräch mit Sokrates mitgeteilt wurde, oder was ihm angesichts der Wirklichkeit des Sokrates aufging, und was er dann wie selbstverständlich als Denken des Sokrates auffaßte, obgleich Sokrates es nie gedacht hatte (dahin gehört die Ideenlehre in der Gestalt, von der Sokrates im Phaidon berichtet, wie er sie gefunden habe). Man kann sagen: Plato bringe zuerst nicht die Philosophie hervor, sondern den Philosophen, aber den, der in Wirklichkeit von ihm gesehen wurde. Er zeigte die Philosophie in der Darstellung des Philosophen. Plato »dichtet« den Philosophen in dem wirklichen, gekannten, geliebten Menschen. Die Philosophie ist nicht mehr unmittelbar sachlich, sondern mittelbar sachlich. Als ob sie mitgedichtet würde in der Dichtung des Philosophen. Aber was gedichtet wird, ist nicht nur ein abzubildender individueller Mensch, sondern der Mensch schlechthin in seiner möglichen Unergründlichkeit als Denker.

Sokrates ist historische Realität auch ohne Plato. Aber der historische Sokrates und der Platonische sind untrennbar. In der Wirklichkeit des Sokrates erblickte Plato dessen Wesen. Dieses ließ er sich in seinen dialogischen Darstellungen frei entfalten, immer mit dem Willen zur Wahrheit des Wesens, aber nicht gebunden an belegbare Tatsächlichkeiten. Daher ist bei ihm die Dichtung des Philosophen vielmehr die Anschauung und Wahrheit der Wesenswirklichkeit des Sokrates. Sokrates ist in der Mannigfaltigkeit der Aspekte ein einziges großes Ganzes durch die Dialoge. Sie ergänzen und erfüllen sich gegenseitig. Der Leser hat ständig den einen Sokrates gegenwärtig, auch wenn seine Erscheinung sich in besonderen Richtungen darstellt. In den meisten Dialogen Platos ist Sokrates die Hauptperson, erst in manchen späten wird er Nebenfigur, in den »Gesetzen« ist er verschwunden. Diese Tatsache ist der Ausdruck dafür, daß es sich schließlich um Dinge handelt, die dem Wesen des Sokrates nicht mehr zugehören.

Kann Dichtung Wirklichkeit zeigen? Aber was ist überhaupt in der Anschauung eines Menschen objektive Wahrheit? Aufzeigbar für alle zwingend sind nur Äußerlichkeiten. Was ein Mensch eigentlich sei, das ist untrennbar Realität und Idee, Verwirklichung und Möglichkeit, ständiges Treffen und Verfehlen seiner selbst, ein Weg des »Werde, was du bist«. Nur moderne Psychologen meinen über einen Menschen Bescheid zu wissen, wenn sie ein Gutachten über ihn machen. Was ein Mensch ist, leuchtet auf im Auge dessen, der ihn liebt; denn echte Liebe ist hellsichtig, nicht blind. Was Plato in Sokrates sah, das war Sokrates wirklich – der Idee nach, in sichtbaren Verwirklichungen und in dem, was äußerlich auch so aussehen konnte, wie Xenophon es wiedergibt.

Eine objektive Grenze zwischen den Gedanken von Sokrates und Plato ist nicht zu ziehen. Das ist, wo persönliche Gemeinschaft ist, überhaupt nicht möglich. Hier gibt es keine Besitzrechte. Plato entfaltet, was in einem Gedanken sachlich liegt, was in einer Gedankenwirklichkeit entspringen kann. Sokrates–Plato ist der einzige Fall in der Philosophiegeschichte, daß ein Denker seine Größe nur mit dem anderen hat, der eine durch den anderen ist, Plato für uns empirisch wirklich, Sokrates in seiner geschichtlichen Wirkung auf Plato.

Das Grundverhältnis zu Sokrates hat für das Platonische Philosophieren vor allem drei Folgen:

Erstens: Plato band sein Denken an den Philosophen und nicht nur an eine abstrakte, allgemeine, freischwebende Wahrheit. Die Darstellung des Philosophierens ineins mit der Darstellung des Philosophen hält die Einheit von Denken und Existieren fest. Das ist die bleibende geschichtliche Konkretheit des Platonischen Denkens in dem Gehalt dieses Ursprungs (wenn auch von Plato ohne Bewußtheit der Geschichtlichkeit, vielmehr von ihm umgekehrt als Ergreifen des Allgemeinen interpretiert). Dadurch wird Plato möglich, was keiner bloßen Lehre möglich ist: die freie Unbefangenheit zugleich mit der geschichtlichen Bindung; das Wagen jedes Gedankens, weil er nicht in die Bodenlosigkeit führt, sondern immer wieder an dem einen Mann und seinem Wesen Halt hat. Daher bei Plato das Maß, die Begrenzung und die Aufhebung allen ins bloß Allgemeine geratenden Philosophierens. Aber zugleich geschieht das Einzigartige: Auch die Person des Sokrates wird nicht dogmatisiert. Vielmehr bleibt in der Liebe die Freiheit. Plato denkt weder im Gehorsam an eine fixierte Lehre noch in der Unterwerfung unter einen vergötterten Menschen, sondern allein in der Bindung an das sich noch grenzenlos weiter entfaltende Wesen einer Vergewisserung in der Gemeinschaft von Menschen.

Zweitens: Plato befreite sich in gewissen Zusammenhängen von der Notwendigkeit, selbst im eigenen Namen zu sagen, was er aus eigener Autorität vielleicht nicht wagen mochte. Er läßt es Sokrates sagen, den verklärten, wie Sokrates selbst noch wieder an der Grenze andere sprechen läßt, die Diotima oder die Berichterstatter der Mythen. In dieser Haltung liegt: Der Anspruch der Philosophie scheint zu groß, als daß einer es auch nur wagen möchte, sich selbst einen Philosophen zu nennen. Er wagt es eher, den anderen als den Philosophen zu zeigen und zu lieben, als es schon selbst zu sein (wie Kant, der sich wehrte, sich einen Philosophen zu nennen).

Drittens: In der Verdoppelung zu Sokrates–Plato wird die Isolierung des Einzelnen aufgehoben. Der Monolog, das Alleinsein, das Sich-auf-sich-Verlassen macht alles Wahre fragwürdig. »Die Wahrheit beginnt zu zweien« (Nietzsche). Die Nichtigkeit des Individuums bedarf, um ein Selbstsein zu werden, des Anderen. Der Mensch als er selbst vertraut sich erst mit dem Anderen. –

Wenn die Zweiheit und Einheit Sokrates–Plato in der Philosophiegeschichte ein einziges Faktum ist, so ist sie doch von allumgreifender Wahrheit. Zwar ist sie nicht wiederholbar, aber etwas, woran immer wieder anklingt, was im Philosophieren bewegt: die Liebe zum großen Menschen, die Liebe zum einzelnen Menschen; sie ist die Ermutigung im Wagnis des Philosophierens. Es bleibt zumeist anonym, aber ein Anklang ist in der Geschichte nicht selten zu spüren. Sokrates und Plato sind ein Urbild. Jeder Jüngling sucht vielleicht seinen Sokrates. Ein philosophierender Mensch wagt es nicht als er selbst, sondern »dichtet« den Philosophen in der Wirklichkeit des Besten oder der Besten, die ihm lebendig begegneten (solch wahres Dichten trifft die sich ihm offenbarende Wirklichkeit selbst). Und im Gegensatz dazu, welche wunderlich fremde Atmosphäre, welch falsches Licht, wo das Denken kommunikationslos zu werden scheint und wo die kommunikationslosen Denkgebilde sich übertragen als Redeweisen von Schulen und als literarische Manieren.

Sokrates und Plato sind nicht die Wiederholung des Gleichen, sie sind völlig verschieden. Obgleich Sokrates historisch schwer faßbar, Plato eine unbezweifelbare historische Realität ist, sind beide Realitäten doch zu vergleichen. Es ist Plato, der in der Reaktion auf Sokrates, in der Auffassung des Sokrates, mit Sokrates die Philosophie als Werk hervorbringt. Der Tod des Sokrates führt Plato zu tiefer Einsicht, aber dieser Tod macht ihm auch klar, daß er selbst einen anderen Weg der Verwirklichung des Philosophierens suchen soll als Sokrates ihn gegangen ist. Sokrates wagte, im Dienste der von der Gottheit gestellten Aufgabe, den Haß gegen sich am Ende immer mehr zu provozieren und wurde Märtyrer. Plato ist keineswegs bereit, auf gleiche Weise zu sterben. Während Sokrates in Athen stets auf der Straße war, vermag Plato sich grundsätzlich zurückzuziehen, der Gegenwart als einem Heillosen den Rücken zu kehren. Er findet die Worte im Staat: in bösen Zeiten sich verbergen und unterstellen unter ein Dach, bis Sturm und Regen vorübergehen. Sokrates ist gebunden an Athen, Plato bleibt zwar Athener, aber ist auf dem Wege zum Weltbürger, könnte auch außerhalb der Vaterstadt leben und wirken. Sokrates philosophiert ganz gegenwärtig, Plato durch Vermittlung, schulgründend, lehrend. Sokrates bleibt auf dem Markte, Plato bewahrt sich mit einer erlesenen Gesellschaft in der Akademie. Sokrates schreibt keine Zeile, Plato hinterläßt sein gewaltiges schriftliches Werk.

d) *Die Bedeutung der überlieferten Philosophie für Plato.* – Platos Werk ist sachlich erwachsen im Zusammenhang mit den alten und gegenwärtigen Philosophien. Es ist, als ob alle vorhergehenden griechischen Gedanken, aus vielen Quellen unabhängig von einander fließend, in Platos umgreifendes Bewußtsein münden. Aber diese Herkünfte sind bei ihm eingeschmolzen, weil in einen neuen Sinnzusammenhang aufgenommen. Wir studieren Plato zwar ohne beständige Rückblicke und Seitenblicke. Aber die Abhängigkeiten und deren Bedeutung müssen uns bewußt sein.

Plato eignete sich fortschreitend die gesamte philosophische Überlieferung an. Es gab den Kosmosgedanken der milesischen Philosophen (Thales, Anaximander, Anaximenes), des Anaxagoras und Empedokles. Es gab das Ethos des griechischen Adels, dann der sieben Weisen. – Es gab die bis heute gültigen Seinserhellungen des Heraklit und Parmenides. – Es gab die Verwerfung der Mythen als einer Befleckung der Götter und den Eingottesgedanken des Xenophanes. – Es gab die orphisch-pythagoreischen Seelenlehren, die Lehre von der Unsterblichkeit und die Wiederkehr in neuen Geburten. – Es gab die Ansätze von Wissenschaften in Geographie und Medizin, und es gab die große, Plato zeitgenössische, von Entdeckung zu Entdeckung schreitende Forschung in Mathematik und Astronomie. – Es gab die intellektuellen Radikalitäten des sophistischen Zeitalters, die Erfahrung der logischen Konsequenzen und Verirrungen. – All dies Vorhergehende ist wesentlich, um Plato zu verstehen. Seine Fülle ruht auf diesem Grunde. Die Weltauffassungen und Glaubensgehalte, die methodischen Denkversuche, die sichtbar gewordenen Gestalten der Denker und die fühlbar gewordenen Mächte, die bewußt gewordenen Situationen des Menschen und was an Fragen aufgetreten war, – alles hat Plato aufgegriffen und anverwandelt.

Die überlieferten Gedanken charakterisiert Plato in ihrer Gesamtheit einmal auf folgende Weise: Was diese Denker vortrugen, sind

Märchen (Mythoi), als wären wir Kinder. Der eine behauptet dies, der andere das, ohne Begründung: das Seiende sei drei; einiges liege im Kampf, anderes liebe sich dann wieder; es gebe zwei, Nasses und Trockenes, Warmes und Kaltes usw.; es sei nur Eines; das Seiende sei Vieles und Eines. Damit aber reden sie wie über unsere Köpfe hinweg. Ohne sich darum zu kümmern, ob wir ihren Ausführungen auch folgen, oder ob wir nicht mitkommen können, führt ein jeder seine eigene Sache durch. Es ist fraglich, ob wir den jeweiligen Sinn der Worte auch verstehen. Schwer zu entscheiden ist, ob mit alledem einer von ihnen recht habe oder nicht.

Diese Inhalte werden für Plato zum Anstoß. Er faßt sie auf, befragt sie, bringt sie in Bewegung, sie bedeuten etwas Anderes, geraten als Ganzes in die Schwebe. Man findet bei Plato diese überlieferten Gegenstände, zum Teil mit Namen, zum Teil ohne Namen. Platos Texte sind insofern auch eine Quelle für vorplatonische Philosophie.

Seine Anverwandlung vollzieht Plato nicht als der große synthetische Kopf, der alles in einem universalen Gebäude vereint. Seine Aufnahme der alten Gedanken ist vielmehr ein Tieferdringen, nicht in die schon bekannten Sachen, sondern in das Denken selbst und damit erst in die Sachen. Die überlieferten Gedanken werden von Plato aus der Wirklichkeit in die Möglichkeit gehoben. Die Handgreiflichkeit und die Ausschließlichkeit der Gedanken werden von ihm eingeschmolzen.

Vorplatonisch gab es das dichterische Aussprechen der Dinge. Es gab die Erfahrung von Erscheinungsfolgen in der Natur und im Menschenleben, und es gab die Weisheitssprüche. Es gab die objektivierende Erkenntnis, die die Dinge statt nach der alten Analogie personenhafter Wirksamkeit (durch Mythen) nach einer neuen Analogie mechanischer Wirkungen dachte (etwa in der Auffassung der Sterne als Löcher in der Himmelsschale, durch die das Außenfeuer durchscheint, bis zur Deutung der Dinge durch Druck und Stoß vielfach geformter kleinster unteilbarer Teile). Es gab die Entwürfe eines Totalwissens von Welt und Mensch in mehreren sich widersprechenden Gestalten. Diese und andere Wissensweisen verwandelte Plato, ohne sie in ihrem beschränkten Sinn preiszugeben, dadurch, daß er sie auffaßte, distanzierte, über sie verfügte und mit ihnen Gedanken vollzog, durch die er ihren Sinn überschritt. Er verwandelte sie in Versuche und brachte sie dadurch in Bewegung. Er befreite sich von den Fesseln alles Gedachten, das ausgesprochen war, als ob das Gedachte und Gesagte schon das Sein sei.

Er löste sich aus jeder Gefangenschaft, in der uns alles, was immer gedacht wird, halten möchte.

Mit dieser Befreiung ermöglichte er das innere Handeln im Denken. Er gab dem Denken mit seiner Freiheit auch erst seine existentielle Wirkensmacht. Mit der freien Verfügung über Denkbarkeiten drang er in das ursprüngliche Denken, das Denken selber, das nicht anders als im Medium der Verfügbarkeiten mitteilbar wird, aber ohne durch sie in neue Befangenheiten zu geraten.

Mit Platos Verfahren hat die Wahrheit selbst einen anderen Charakter gewonnen. Sie ist nicht mehr einfach als der Inhalt des Gesagten, als Gegenstand der Anschauung, als gebannt in Aussage, Behauptung, in die Sprache als solche. So war es bis dahin im Philosophieren. Plato gewinnt das Bewußtsein davon und wird dadurch auf eine bis dahin unerhörte Weise frei. So großartig die vorplatonische Philosophie in ihren ehernen Gebilden, in ihrer Nähe zum Ursprung, in ihrer unendlichen Deutbarkeit ist, – wir vermögen sie zu bewundern, nicht in sie einzutreten. Denn diese Philosophien sind in ihrer Radikalität doch wie neue vielfache Befangenheiten. Daher kann es uns geschehen, daß wir aufatmen, wenn wir von den Vorsokratikern zu Plato kommen, während unsere romantische Sehnsucht dorthin zurückblicken mag wie in eine verlorene Welt von Uroffenbarungen des Gedankens.

II. Die platonische Philosophie

Die Platonische Philosophie ist darstellbar in ihren Lehren: in der Ideenlehre, dem Gottesgedanken, der Seelenlehre, den Staatsentwürfen, dem Weltalldenken. Jedesmal wird ein umfassendes Ganzes getroffen, alle diese Ganzheiten beziehen sich aufeinander. Um aber auf den Ursprung zu kommen, von dem her all dies seinen Sinn hat, muß von uns jenes neue, durch Sokrates geforderte Denken umkreist werden. Wenn dieses der Natur der Sache nach nicht in unserem Wissen von ihm eingefangen werden kann, da es vielmehr seinerseits all solches Wissenwollen einfängt, weil umgreift, so ist es doch möglich, Platos dorthin zeigende Gedanken zu vergegenwärtigen. Von dorther wird der Antrieb fühlbar, der, unerschöpft bis heute, die eigentliche Kraft des Platonischen Denkens ist. In ihm – nicht in irgendwelchen Lehren, Gedankengebilden, Gestalten – sind die Platoniker der Jahrtausende vereint, ohne bis heute sagen zu können, was es eigentlich ist. Wir versuchen es darzustellen unter den Überschriften: Das Platonische Denken, – Die Frage der Mitteilbarkeit solchen Denkens, – Die Frage nach der Substanz dieses Denkens: dem Eros in Idee und Dialektik.

1. Das Platonische Denken

a) *Die Frühdialoge:* Sie bringen, noch in nächster Nähe zu Sokrates, das Geheimnis der Helligkeit des Denkens zur Darstellung, und zwar in der Frage nach der Arete (Tugend, Tüchtigkeit), was sie sei, ob sie lehrbar, ob sie Wissen, ob sie eine oder vielfach sei.

Die Frühdialoge kreisen philosophisch alle um dieses eine Thema (Jaeger), das der »Sorge um die Seele« entspringt.

Arete als Grundbegriff fand Plato vor. Das Wort meint jede Vortrefflichkeit, die aller Dinge und besonders die des Menschen. Es meint den Glanz agonaler Tüchtigkeit, die besondere Arete des Mannes, der Frau, der Lebensalter. Es meint dann das Sein und das Sollen in der sittlichen Arete, die besonderen Eigenschaften der Gerechtigkeit, Tapferkeit, Weisheit, Besonnenheit, Frömmigkeit, Liberalität und den Inbegriff aller Aretai. Es bedeutet die bürgerliche Arete und die persönliche. In den Raum dieser Bedeutungen gehören Platonische Sätze wie: die Arete eines jeden Dinges bestehe in dem, wodurch es seine Aufgabe erfülle.

Die Sophisten erheben den Anspruch, die Arete zu lehren, besonders die politische Arete. Sie wollen lehren, wie man zum Erfolg und zur Macht kommt. Sokrates meint dagegen, für jede Sache wähle man doch die Sachverständigen: für die Landwirtschaft, das Steuern des Schiffes, das Schuhmachen, die Tischlerei (wer etwas lernen solle, den schicke man zu solchen Sachverständigen). Wer aber sei sachverständig für die Erziehung, für die Arete im ganzen, wer für die Staatsangelegenheiten? Wer also sei sachverständig für das Allerwichtigste? Viele Aretai seien offenbar lehrbar. Daß aber keine Lehre der wichtigsten Arete möglich sei, das zeige sich darin, daß die großen und erfolgreichen, an Arete für Staatsangelegenheiten reichen Männer ihre eigenen Söhne nicht lehren können; daß einsichtsvolle Bürger nicht imstande sind, ihre Arete auf andere zu übertragen.

Wenn die Arete lehrbar ist, muß sie ein Wissen sein. Aber es gibt Aretai, die angeboren und nicht Wissen sind, wie die Tapferkeit. Es gibt andere, die durch Übung anzueignen sind, wie die der Handwerker. Wenn es ein Wissen der Arete gibt, so ist weiter zu unterscheiden, ob dieses Wissen für die Arete als Mittel nützlich ist oder ob es ein Wissen gibt, das selbst die Arete ist, derart, daß die Arete Wissen, das Wissen selbst das Sein des gut Handelnden ist. Die Lehrbarkeit dieses Wissens muß einen ganz anderen Charakter haben als die Lehrbarkeit eines Wissens, das Mittel zum Zweck ist. Soweit dies letztere reicht, haben die Sophisten nicht unrecht. Das erstere aber liegt als Wissen und als Lehrbarkeit auf einer anderen Ebene. Dieses Wissen, das nicht Mittel zu einem Anderen, sondern selber Zweck und Vollendung ist, das als Denken die Gegenwart des denkenden Handelns, des Menschen selbst ist, sucht Plato.

Dasselbe sei noch einmal in einer Abwandlung gesagt: Wir wissen etwas, wir können etwas (techne), jedesmal ein Besonderes. Die Frage ist dann: wozu dieses Wissen und seine Leistung? Denn dieses Ganze kann gut und schlecht gebraucht werden. Es kommt auf ein anderes Wissen an, das die Antwort auf die Frage »wozu gut?« durch sich selbst gibt, und zwar so, daß ein Weiterfragen nicht möglich ist, weil das Gute selbst vor Augen steht. In diesem Wissen ist die letzte Instanz gegenwärtig. In ihm wird die Antwort gehört auf die Fragen: in wessen Dienst, von woher, im Blick auf was ist etwas gut? nicht durch Bezug auf ein Anderes, sondern durch es selbst. Dieser Grundgedanke ist der Form nach einfach, dem Gehalte nach unendlich wesentlich, in der Verwirklichung so schwierig, daß er, ohne seinen letzten und ganzen Sinn im Ausgesagtsein zu erreichen, bei Plato immer wiederkehrt.

In den Frühdialogen kommt er in Abwandlungen zum Ausdruck, z. B. in der Frage: Was ist das uns Liebe (philon), das zuletzt das Liebe selbst ist? Würden wir immer weiter nach dem Wozu fragen, so müßte uns der Atem ausgehen, wenn wir nicht zu einem Anfang gelangen, der sich nicht mehr auf anderes Liebes bezieht, sondern wo das Fragen seinen Stillstand findet bei dem, was *das ursprünglich Liebe* ist, um dessentwillen wir auch erst alles andere für lieb erklären. Unser Bemühen ist nicht gerichtet auf die Mittel, die der Erreichung des Zwecks dienen, sondern auf den Zweck selbst, um dessentwillen all diese Mittel in Bereitschaft gestellt werden (Lysis).

Nehmen wir an, es gäbe einen Wundermann, der neben dem Zukünftigen auch alles Vergangene wüßte und alles Gegenwärtige, kurz, dem nichts verborgen wäre. Welches von allen Wissensfächern macht ihn glücklich oder tun es alle gleichmäßig: Brettspielkunst, Rechenkunst, Gesundheitslehre? Es zeigt sich, daß keines und daß nicht alle zusammen, daß Sachkunde überhaupt als solche nicht glücklich leben läßt. Glücklich leben ist nur möglich nach dem einen Wissen, dem *Wissen vom Guten*. Wenn dieses eine Wissen fehlt, dann ist es auch für uns vorbei mit dem wahren Nutzen all jenes einzelnen Fachwissens. Dieses eine Wissen ist auch nicht die Besonnenheit, auch nicht das Wissen des Wissens und der Unwissenheit, sondern allein das des Guten und Schlechten (Charmides).

Wissen und Können sind getrennt von ihrem Zweck. Der Verfertiger der Leier macht nicht die Musik. Der Jäger liefert für die Küche. Der Feldherr übergibt das Eroberte dem Staatsmann. Wir bedürfen eines Wissens und einer Kunst (techne), die, *was sie in ihren Besitz gebracht hat, auch zu gebrauchen weiß*. Oder anders: Wir bedürfen eines Wissens und Könnens, bei denen die Herstellungstätigkeit unmittelbar *zusammenfällt* mit dem Verständnis für den Gebrauch des Hergestellten. Selbst eine Kunst, die sich darauf verstände, uns unsterblich zu machen, würde uns nichts nützen ohne das Wissen vom rechten Gebrauch der Unsterblichkeit. Wenn wir aber das Wissen und Können ohne Koinzidenz mit ihrem rechten Gebrauch erwerben, so sind wir lächerlich wie Kinder, die nach Lerchen haschen: bei jeder Wissenschaft glauben wir, wir hätten die Erkenntnisse schon in den Händen, aber stets fliegen sie uns wieder davon (Euthydem).

In der fühlbaren Richtung auf den Zielpunkt, an dem das Suchen aufhören würde, ist dieses Denken in einem gewissen, unaussagbaren Sinne immer schon dort, aber in dem Sinne der Aussagbarkeit wechseln die Positionen. Die endgültige Antwort bleibt aus. Die Ausweglosigkeit (Aporie) für den bloßen Verstand ist der Charakter der Frühdialoge und hört im Grunde nie auf. Die Platonische Philosophie beginnt mit dem Sokratischen Arete-Denken. Sie bleibt bis zuletzt (der Altersvorlesung über das Gute) gebunden an dessen Sinn. Diese Wissensweise erweitert und erfüllt sich in der Folge über alles Wißbare hin, über Mensch, Staat, Welt. Was in den Frühdialogen schon da ist, das zeigt sich in dem anscheinend keine Grenzen des Wachstums kennenden gesamten Platonischen Philosophieren.

Im Wirbel der Sophistik wollte Sokrates und mit ihm Plato den Boden gewinnen durch das Denken selber. Das wird nur möglich mit einer neuen Dimension des Wissens.

b) *Der Sinn dieses Denkens:* Der damals wie heute geläufige Wissensbegriff meint ein Wissen von etwas. Es betrifft je einen Gegenstand. Ich weiß oder weiß es nicht. Erwerbe ich Wissen, so habe ich einen Besitz. Ich erwerbe es durch Arbeit meines Verstandes und Gedächtnisses. Ich kann es als Bescheidwissen weitergeben. Dies Wissen bedeutet als Können eine Macht durch Anwendung. Über das Gewußte kann ich verfügen, mit Hilfe des Wissens habe ich eine je beschränkte Gewalt über Anderes. Dieses Andere kann außer mir oder in mir sein. Es ist nicht ich selbst.

Plato hat dies Wissen im Auge und vollzieht es selber. Er rettet es gegenüber dem intellektuellen Wirbel, in dem alle Begriffe ihren Sinn wandeln, daher nichts Gleichbleibendes mehr identisch gemeint werden kann, vielmehr der Beliebigkeit Raum gegeben ist. Er geht auf

Begriffe, die einen festen definierbaren Sinn haben, allgemein gegenüber den vielen einzelnen Fällen, allgemeingültig für alle sind.

Das aber genügt nicht. Man hat die Leistung des Plato darin sehen wollen, daß er ein zwingendes beweisbares wissenschaftliches Wissen gefunden hätte. Das ist vielleicht richtig, aber für ihn nur eine Voraussetzung im Rahmen des geläufigen Wissensbegriffs. Das Entscheidende ist etwas Anderes. Das geläufige Wissen erweist sich als ein Wissen ohne Ziel und Sinn, weil ohne Endziel. Es stellt einen beschränkten Wissensbegriff fest, denn es fesselt an besondere Dinge. Es ist kein eigentliches Wissen, denn es ist zerstreut und nicht ursprünglich, denn es ist ohne Wurzel im Grunde.

Das Endziel würde nur erreicht, wenn über alle definierten Dinge hinaus ein Unbedingtes, wenn über alle nennbaren und mit neuem »Wozu?« befragbaren Zwecke der selbstgenügsame Endzweck, wenn über alles bestimmte Gute das Gute selbst erreicht würde. Wenn Plato allgemeine Begriffe in scharfen Bestimmungen sucht, so will er nicht beliebige Begriffsbestimmungen relativ richtiger Art, sondern er sucht mit ihrer Sprache unter der Idee jenes Unbedingten, nicht zu Überfragenden, nicht zu Überschreitenden eine Sprache jenes Unbedingten selbst. Daher scheitern alle endlichen Begriffsbestimmungen in Ausweglosigkeiten (Aporien). In diesen ist der Sinn des Zieles aber um so entschiedener gespürt, jedoch auch um so klarer nicht gewußt.

Gemessen an einem Wissen, das Sinn und Maß und das die Führung für die Entscheidung im inneren und äußeren Handeln bringt, ist geläufiges Wissen, durch das man im so Gewußten die Sache selbst zu haben meint, ein festgefahrenes, fälschlich mit sich zufriedenes, unvollendetes Wissen. Dieses gewinnt seine Wahrheit durch die Entschränkung, wenn es durch Wissen des Nichtwissens sich selber durchsichtig wird.

Das ursprüngliche Wissen wäre nicht nur, wie das geläufige, ein Wissen von etwas, sondern wäre eins mit der Wirklichkeit des Wissenden. Durch die reichste Entfaltung des Wissens von etwas soll das ursprüngliche Wissen dort zu sich selbst kommen, wo es nicht mehr ein Etwas zu wissen braucht, sondern im Wissen bei sich selber ist.

Solange Plato auf diesem Wege über das gültige Wissen zum ursprünglichen Wissen ist, kann er vom Inhalt des ursprünglichen Wissens selber keine Lehre bringen, wie es Lehren gibt in allen Wissensgebieten, die von etwas handeln. Es kann nicht als dogmatisches Ergebnis mitgeteilt, kein System dieses Wissens entworfen werden. Wohl aber wird ein sachlich geführtes Sprechen in Frage und Antwort (in Untersuchung) möglich, um einen Weg zu gehen (Methode), auf dem jene letzte Erleuchtung zur Führung gelangt, ohne Gegenstand zu werden. Erkennend und wissend zu leben, ist die höchste Möglichkeit des Menschen. Die Anweisung zum rechten Leben fällt zusammen mit dem Anspruch dieses Denkens.

Weil das Denken, das hier gewollt wird, über das gegenständliche Denken des geläufigen Wissensbegriffs hinausgeht, ist dieses immer in Bewegung bleibende Erkennen so schwer greifbar. Es hat jederzeit bestimmte logisch faßliche Erkenntnisinhalte vor Augen und geht mit ihnen über sie hinaus. Der Weg scheint beides zugleich zu erreichen – sachlich zwingendes Wissen im Aufweisen und Schließen und den Zugang zum Ursprünglichen, das als das Ewige gegenwärtig ist. Solches Denken ist für den bloßen Verstand, der nur die unmittelbar vorgewiesenen Inhalte begreift, undurchsichtig, während er selber, ohne Hintergrund und ohne Führung, sich in der Endlosigkeit des bestimmten Richtigen bewegt.

Dieses Denken beruht nicht auf der Erfindung einer Methode, die als eine Operationstechnik wiederholbar wäre, durch die dann wie in der wissenschaftlichen Forschung fortschreitend neue Ergebnisse durch Mitarbeit vieler gewonnen würden. Dieses Denken ist viel mehr selber ein Prozeß, dessen Vollzug sich in Plato sein Leben hindurch neuer Formen bedient, unendlich erfinderisch ohne eigentlichen Fortschritt stattfindet. In der Klarheit des Denkens soll sich offenbaren, was nicht schon diese Klarheit ist. Der Abschluß dieses Weges ist im Dasein nicht zu erreichen, aber im Erkennen aus dem Ursprung zieht das darin Offenbarwerdende zu sich hin.

Plato ist sich des Denkens, dessen Macht und Grenze, bewußt geworden. Um die Wahrheit wirklich werden zu lassen, muß die gegenständliche Festigkeit des Gedachten, nachdem sie ergriffen und dienstbar gemacht ist, aufgehoben werden; dann wird es nicht falscher Boden der Existenz in Gestalt rationaler Gewißheit, nicht Faulbett für uns, die wir forschen, aber nicht besitzen sollen, nicht Ausweichen für uns, die wir weitergehen sollen, nicht Schlupfwinkel für Selbsttäuschungen. Das ist der Sinn, daß Plato »alles Gegenständliche verdampfen läßt in seiner Methode« (Goethe).

c) *Die wesentlichen Charakterzüge dieses Denkens. Erstens: Es geht auf das Eine:* Die Arete ist eine, nicht viele. Die höchste Instanz ist eine. Als die Ideenlehre entworfen wird, heißt das Eine die Idee des

Guten. Dieses Eine aber ist weder als Arete, noch als höchste Instanz, noch als das Gute ein Allgemeinbegriff, unter den das Vorkommende als Fall subsumiert würde. Es ist nicht das Ziel, das als Zweck vor Augen steht. Es ist nicht ein Maßstab, an dem man richtig und unrichtig unterscheidet. Es ist vielmehr das, was alles begrifflich bestimmt Gedachte erst eigentlich erleuchtet, alle Zwecke in einem unbedingten, nicht weiter zu überfragenden Zwecke begründet, alles bloß Richtige erst wahr werden läßt. Es ist das schlechthin Führende, auf das hin zu denken und zu leben dem Dasein erst Sinn verleiht.

Wir vermögen es nicht wie bestimmte Begriffe in voller Genauigkeit zu kennen. Aber wenn wir auch alles andere noch so genau ohne es kennen, so bringt uns das keine Befriedigung. In all unserem Denken, dem genauen, das Höchstmaß an Genauigkeit mit Recht und unerläßlich erstrebendem Denken, sind wir gerichtet auf das, was wir nicht genau, das heißt nicht in der Form des bestimmten Verstandeswissens kennen, auf dies Unsagbare hin, dieses Eine, das, während es uns lenkt, noch offen bleibt, das zwar im klarsten Sagen berührt wird, aber nur im Durchbruch des Verstandesdenkens über alle faßlichen Wißbarkeiten hinaus erfahren werden kann.

Zweitens: Es ist eins mit dem Selbstbewußtsein: Wer besonnen ist, weiß, daß er besonnen ist. Besonnenheit und Selbsterkenntnis ist dasselbe. Sie allein ist ein Wissen sowohl des anderen Wissens wie ihrer selbst. Kein Seiendes hat eine natürliche Beziehung auf sich selbst, sondern nur auf ein Anderes. Das Denken im Selbstbewußtsein ist die einzige Ausnahme.

Dieses Selbstbewußtsein will mit sich selbst einstimmig sein. »Ich möchte lieber, daß meine Leier mißtönend wäre, daß die meisten Menschen mir widersprächen, als daß ich, ich einer, mit mir nicht im Einklang wäre und mir widerspräche.«

Nur wer mit sich einstimmig ist, kann mit anderen einstimmig sein. Die Gleichmäßigkeit der Stimmung in sich selbst zur Herrschaft zu bringen, das bedeutet, sich selbst befreundet zu werden und andere zu Freunden zu gewinnen.

Damit ist das Selbstsein das Eigene (oikeion), Ursprüngliche, Echte. Das für jeden Beste ist das für ihn am meisten Eigentümliche; dieses aber ist es nur im Guten. »Die Menschen sind ja bereit, ihre eigenen Hände und Füße abschneiden zu lassen, wenn sie ihnen schändlich zu sein scheinen, denn sie alle hängen nicht am Eigenen, wenn man nicht das Gute verwandt nennt und eigen, aber das Schlechte fremd.«

Drittens: Das neue Denken ist nicht wesentlich Erwerb von etwas Anderem, sondern Aufstieg des eigenen Wesens: Mit diesem Wissen verwandelt sich der Mensch. Das Aufsteigen im Selbstdenken vermöge eines Geführtwerdens von dem, was im Selbstdenken sich fühlbar macht, ist seit Plato der Grundzug philosophischen Denkens bis hin zu Kants Formulierung der Aufklärung als »Ausgang von der selbstverschuldeten Unmündigkeit«.

Daher ist kein Erkennen indifferent. Noch in seinen scheinbar gleichgültigsten Gestalten fragt es sich, ob es Moment des Aufstiegs wird oder nicht. Kein Wissen ist ohne Wirkung auf die Seele. Kenntnisse darf man nicht kaufen wie Nahrungsmittel. Diese trägt man in einem Gefäß fort und kann den Sachverständigen fragen, ob es gut ist, sie zu essen. Kenntnisse aber kann man nicht in einem anderen Gefäß heimtragen, sondern nur dadurch, daß man sie in die Seele selber aufnimmt, auf gut Glück, ob man sich dadurch Schaden oder Nutzen getan hat. Aus dem philosophischen Denken entspringt das Gewissen, das mich verantwortlich macht dafür, was ich gleichsam in mich hineinlasse, womit ich mich beschäftige. Was ich lese, arbeite, höre, sehe, welchen Wissensmöglichkeiten und Gefühlsmöglichkeiten ich mich hingebe, und wo ich mich zurücknehme, wie ich wähle und distanziere, nichts ist indifferent, alles wird eine Wirklichkeit in dem, was ich bin und werde.

d) *Zwei Sätze aus der Idee ursprünglichen Wissens:* Nur wenn dieser neue Wissensbegriff im Unterschied von dem geläufigen gegenwärtig ist, können zwei merkwürdige Urteile Platos verstanden und als wahr eingesehen werden.

Erstens: »Unwissenheit ist das größte Unheil.« Der fluchbeladene Mörder Dions wird von Plato zwar des Gesetzeshasses und der Gottlosigkeit beschuldigt, vor allem aber der »frechen Unwissenheit, dieser Wurzel allen Unheils für den Menschen«. Ist die Torheit bloße Unwissenheit, dann beschränkt sie sich auf leichtere Verfehlungen kindischer Art; sie ist nur Schwäche. Wenn die Unwissenheit aber verbunden mit dem Dünkel zu wissen, wenn sie dazu mit Macht gepaart ist, dann ist sie Quelle der schwersten Verschuldungen. Das vermeintliche Bescheidwissen ist das schlimmste Unheil. Unwissenheit ist es, zu wähnen, im endlos Wißbaren, in dem durch Lernen zum Besitz gewordenen Wissen schon das Wissen selbst zu haben. Das Wissen ist das Wissen im Nichtwissen unter Führung durch das Gute. Der Philosoph ist der Mensch, der mit seinem ganzen Wesen sich um Wissen bemüht, aber um das ursprüngliche Wissen, für das alles endliche Wissen ein Mittel ist. Der Erwerb des endlichen und beschränkten und als solches irreführenden Wissens hat Sinn und Wahrheit und ist unerläßlicher Weg unter Führung des ursprünglichen Wissens. Dieses Wissen ist ineins mit seiner immer heilvollen Auswirkung. Wo diese Auswirkung fehlt, ist auch kein Wissen. Wo die Wirkung unheilvoll ist, da ist der Grund die Unwissenheit des vermeintlichen Bescheidwissens in Gestalt des beschränkten Wissens.

Zweitens: »Niemand kann freiwillig Unrecht tun.« Denken wir an die Überwältigung durch Zorn und Lust, daran, daß wir etwas tun, obgleich wir wissen, daß es schadet, daß wir wollen, obgleich wir nicht wollen, so ist dies alles nach Plato unmöglich. Vielmehr nennt Plato »die Disharmonie zwischen Lust und Unlust einerseits und gegründeter Überzeugung andererseits die äußerste *Unwissenheit,* aber auch die größte und umfassendste, weil sie gleichsam die Masse unserer Seele beherrscht«. So sagt Plato in seinem letzten Werk, den Gesetzen, als er den Satz »Niemand kann freiwillig Unrecht tun«, den er seit den Frühdialogen oft wiederholt hat, noch einmal ausspricht. Der Satz kann nur Sinn haben, wenn das Wissen nicht als das endliche, sondern als das ursprüngliche Wissen gemeint ist.

Das *endliche Wissen* ist entweder gleichgültig, ohne Folgen, oder es hat Folgen in der technisch beherrschbaren Welt außer mir und in mir, ohne Verwandlung des so wissenden Menschen. Es ist, als ob dieses Wissen ihn gar nicht beträfe; daher ist es neutral gegen Gut und Böse, ist brauchbar und mißbrauchbar. Diese Erkenntnis wird »als Sklavin betrachtet, welche sich von allen anderen Seelenzuständen umherzerren und schleppen läßt«. Nur das *ursprüngliche Wissen* gibt diesem endlichen Wissen Führung und hebt damit seine Neutralität auf. Im ursprünglichen Wissen der Gerechtigkeit werde ich selber gerecht. Es ist nicht mehr ein Wissen, das ohne Folgen auch für sich bestehen könnte. Die Folgen aber sind das Wissen selbst. Wissen und Anwendung des Wissens sind nicht mehr trennbar. Weiß der Mensch, was recht ist, und tut das Gegenteil, so hat er in der Tat nicht gewußt.

Das Verhältnis von Wille und Wissen ist daher dieses: Der eigentliche Wille ist der wissende Wille. Ein Begehren im Überwältigtsein ist nicht Wille, sondern Unwissenheit. Nur der will, der das Gute will. Nur der handelt frei, der das Rechte tut. Das Gute und Rechte sind im ursprünglichen Wissen eins mit dem Wollen. Hier gilt nicht mehr die Vorstellung von Beherrschung der Triebe durch den Willen. Vielmehr ist im rechten Wissen, das zugleich der rechte Wille ist, das Nichtentsprechende erloschen und verschwunden. Weil es nicht mehr ist, ist es auch nicht mehr zu bekämpfen.

Der Satz, niemand könne freiwillig Unrecht tun, könne nicht wissend, gegen sein Wissen, das Böse vollziehen, gilt nur für dies eigentliche Wissen. Mit dem endlichen Wissen, das als solches noch Unwissenheit ist, kann ich absichtlich in bezug auf Zwecke der Lust, des Zorns, der Gewalt handeln oder ich kann unabsichtlich handeln aus dem bloßen Drang. Im endlichen Wissen von etwas kann ich auch gegen mein besseres Wissen etwas Schädliches tun, kann ich üble Folgen sei es in Kauf nehmen, sei es in meinem Bewußtsein verdrängen. Denn dieses Wissen, das ein Wissen von etwas ist, ist nicht das Wissen, das identisch ist mit der Wirklichkeit des Denkenden. Es bleibt als solches noch in jener Unwissenheit, die das größte Unheil ist.

Aus dem geläufigen Verstandeswissen ist der hohe Sinn des Platonischen Wissens nicht zu fassen. Das Geläufige ist, entweder festzuhalten an dem errechenbar Richtigen oder sich preiszugeben an das Dunkel, an das Gefühl, an die Antriebe, an das heute sogenannte Irrationale, das als solches begehrte. Das Rationale und das Irrationale sind eines wie das andere unverbindlich, ohne Verantwortung, weil ohne Führung der höchsten Instanz. Eines wird nur gegen das andere ausgespielt. Das Platonische Denken sucht das, was den nur scheinbar hellen Verstand durch ein ihn übersteigendes und erhellendes Wissen führt, und das, was im dunklen Irrationalen nur wahr ist, wenn es als ein Allgemeines hell wird. Beides ist das gleiche. Das philosophische Leben ist der Weg, ständig im Gegenständlichen des Verstandesdenkens darüber hinaus zu denken, und dort auf das zu treffen, was in der Erhellung des Dunkels, als das ich mir begegne, in meinem inneren Handeln mich zu mir selbst bringt. Das ist seit Plato die bewußte menschliche Aufgabe im Philosophieren. Sie ist weder durch bloßen Verstand zu lösen, noch durch bloße Gefühle, sondern allein im philosophisch erweckten ursprünglichen Denken selber.

Angesichts des Platonischen Denkens kann es scheinen: Alles entrinnt, indem das Höchste ergriffen wird. Zwei Fragen werden dringend: Kann solches Denken überhaupt mitgeteilt werden und wie? Plato bedenkt die Frage ausdrücklich. Die faktische Antwort erfolgt durch die Werkform des Dialogs, durch das Gewicht von Ironie und Spiel, durch die Methode der Dialektik. Die andere Frage ist: Was ist die Substanz dieses Denkens, oder die bewegende Kraft oder die im Suchen schon gegenwärtige Erfüllung? Die Antwort ist der Platonische Eros.

2. *Die Frage der Mitteilbarkeit*

Wenn das Wissen geschieden ist in das geläufige Wissen des Habens und Verfügens über etwas und in das ursprüngliche Wissen, das diesem geläufigen Wissen erst Sinn gibt, dann ist die Lehrbarkeit und damit die Mitteilbarkeit für beide Wissensweisen nicht die gleiche. Die Inhalte mathematischen, astronomischen, medizinischen Wissens, des handwerklichen Könnens sind lehrbar in einfacher, direkter Mitteilung. Das aber, was in ihnen die Wahrheit ist, die Wahrheit der Richtigkeit, das, woraus und woraufhin jenes lehrbare Wissen und das ganze Leben Sinn hat, das, dessen Maß nicht der Mensch, sondern welches das Maß des Menschen ist, wie ist das mitteilbar und lehrbar?

Die Wahrheit im Wissen, die den Gegenstand in seiner Aussagbarkeit und Definierbarkeit wohl als Weg, aber nicht als die letzte Form des Wissens zuläßt, wird vor die Frage gestellt: Kann sie überhaupt noch Sprache werden? Entrinnt sie nicht als »gegenstandslos« in das Unsagbare? Wahrheit aber, die aller Mitteilbarkeit sich entzöge, wäre nicht mehr Wahrheit. Wenn sie der direkten Mitteilung entzogen ist, so bleibt nur eine umwegige, indirekte Mitteilung. Wie diese sich vollziehen kann, ist durch Plato zu einer Grundfrage des Philosophierens geworden. Er hat diese Frage nicht abschließend beantwortet. Sie ist durch eine nur theoretische Einsicht weder einzusehen noch zu lösen. Sie ist als bewegende Frage zuerst von Plato in ihrer Radikalität aufgefaßt und umkreist worden.

Im Gastmahl bittet der auf dem Gipfel seines rauschhaften Erfolgs stehende Tragödiendichter Agathon den Sokrates, sich an seine Seite zu legen, »damit auch ich von der Weisheit genieße, ... offenbar hast du sie entdeckt und hältst sie«. Darauf Sokrates: »Schön wäre es, wenn die Weisheit aus dem Volleren ins Leere flösse, wenn wir einander berühren, ... denn ich glaube, viel herrliche Weisheit wird von dir auf mich überströmen, meine ist gering und zweifelhaft, sie ist wie ein Traum, deine aber ist glänzend, wie sie sich kundgab vorgestern vor dreißigtausend Hellenen.« Der Glanz der geläufigen jedermann zugänglichen Wahrheit (hier des Tragödiendichters) wird der verschwindenden Traumhaftigkeit der Philosophie gegenübergestellt. Das Gleichnis des Überfließens von einem Gefäß in das andere gilt nicht für die Wahrheit der Philosophie.

Geradezu spricht der alte Plato im Siebenten Brief von der Mitteilung der Wahrheit: »Es steht damit nicht so, wie mit anderen Lehrgegenständen: es läßt sich nicht in Worte fassen, sondern aus lange Zeit fortgesetztem, dem Gegenstande gewidmetem wissenschaftlichem Verkehr und aus entsprechender Lebensgemeinschaft tritt es plötzlich in der Seele hervor wie ein durch einen abspringenden Funken entzündetes Licht und nährt sich dann durch sich selbst.« Das Nichtgesagte und Nichtsagbare teilt sich im Sprechen indirekt mit, aber in der Weise des rückhaltlosen Sprechens, das in der umgreifenden Gemeinschaft stattfindet. Im Ruck eines Augenblicks leuchtet es zwischen Menschen auf, aber nur auf dem Grunde anhaltenden, das Leben verbindenden Umgangs.

Daher hat Plato die schriftliche Mitteilung gering geschätzt. Gerade das, worin die Wahrheit aufleuchtet: den wirklichen Umgang im Miteinanderdenken und den Augenblick des Funkens kann sie nicht vermitteln. Plato spricht im Siebenten Brief und im Phaidros aus, was von Jugend auf im Sinn seines Philosophierens lag, zur Schärfe gebracht durch die Enttäuschungen des Nichtverstandenwerdens. Jetzt sagt er: Das, worauf es in der Philosophie ankommt, läßt sich weder schriftlich noch mündlich (nämlich im Lehrvortrag) in befriedigender Weise mitteilen. Die schriftliche Mitteilung kann Sinn haben für die Wenigen, die auf einen kleinen Wink hin selbst imstande sind, das Wahre zu finden. Sie kann Erinnerung wecken für die, die Erfahrung haben. Die übrigen Leser aber werden zum Schaden der Sache entweder mit Verachtung gegen die Philosophie oder mit einem hohlen Selbstbewußtsein erfüllt, als wären sie im Besitz von hoher Weisheit. Daher kann die Schriftstellerei für den Philosophen nicht sein voller Ernst sein. Die Schriften sagen immer nur dasselbe; fragt man sie, so schweigen sie. Sie kommen unter die, die sie verstehen und die, für die sie nicht berechnet sind. Werden sie geschmäht, so brauchen sie immer den Beistand ihres Vaters. Eigentliche Mitteilung erfolgt nur von Mensch zu Mensch. Sie geht nicht an jedermann, sondern an die empfängliche Seele, die der Mitteilende wählt; da wird der Logos dem Lernenden in die Seele geschrieben, ist dann imstande, sich selbst zu helfen, wohl wissend zu reden und zu schweigen. Solche Seele trägt selber wieder Samen, nicht das Schriftwerk.

Von seinem Philosophieren sagt Plato: »Über die Hauptsachen gibt es von mir keine Schrift und wird keine geben. Denn in bestimmten sprachlichen Schulausdrücken darf man sich darüber wie über andere Lehrgegenstände gar nicht aussprechen.« Keineswegs will Plato sagen, daß er etwas Sagbares geheimhalte. Vielmehr erlaubt die Natur der Sache nicht die Lehrfixierung, ohne dabei die Sache selbst zu verlieren.

Nun hat Plato in scheinbarem Widerspruch zu solcher Auffassung sein in der Philosophiegeschichte einzig tiefes und großes Werk geschaffen. Er hat eine Lebensarbeit daran gewandt. Er hat auf das sorgfältigste, mit wunderbarer Selbstzucht geschrieben. Es ist kein Zweifel, daß ihm viel daran gelegen war. Aber seine eigenen Urteile zwingen dazu, das Werk nicht für etwas Anderes zu nehmen als das, als was er es gemeint hat: als Winke und Erinnerungen, nicht als Mitteilung der Sache selbst. Dann aber muß uns die Frage wesentlich sein: Wie hat Plato im schriftlichen Werk tatsächlich die Mitteilung versucht? wie hat er das Maximum möglicher wahrer Mitteilung erreicht?

a) *Der Dialog.* – Daß fast alle Werke Platos die Form des Dialogs haben, kann nicht zufällig sein. Mitteilungsform und Sache gehören zusammen. Es ist nicht etwa eine Philosophie da, für deren Mitteilung dann Plato als eine unter anderen Möglichkeiten die Form des Dialogs gewählt hätte. Sie ist die notwendige Erscheinung dieses Philosophierens, sofern es sich schriftlich mitteilen will. Wenn diese Philosophie als Lehre im Referat undialogisch mitgeteilt wird, ist sie kaum wiederzuerkennen.

Der Platonische Dialog bewegt sich in großer Mannigfaltigkeit der Form. Kaum zwei Dialoge sind in der Form ganz gleich (vielleicht Sophistes und Politikos oder Timäus und Gesetze). Plato nimmt kein Schema. Es ist eine Aufgabe des Lesers, diese Mannigfaltigkeit zu erspüren.

Die Gesamtheit dieser Dialoge macht uns vertraut mit einer versunkenen Welt außerordentlicher Menschen in ihrer geistigen Spontaneität. Wir sehen die vornehme Geselligkeit Athens, ihre Freiheit, ihre Urbanität und ihre Bosheit. Wir erleben den Reichtum der Stimmungen, den Ernst in der Heiterkeit, das Verschwinden des Lastenden und Beengenden. Wir sehen Szenen auf der Straße, im Gymnasion, bei Gastmählern, in der Landschaft, vor Gericht. Wir sehen im Gespräch die Gestalten von Staatsmännern, einfachen Bürgern, von Dichtern, Ärzten, Sophisten und Philosophen, von Knaben und Jünglingen.

In dieser Lebendigkeit wird wesentlich abgebildet das philosophische Gespräch. Manche Dialoge scheinen wie Abbildungen der Gespräche in der Akademie. Auch wenn sie wie eine Übersetzung von Lehrvorträgen in dialogische Form anmuten, bewahren sie die Stimmung der Leichtigkeit, als ob es gar keine Anstrengung sei, und zugleich die freie Stimmung, die sich nicht fangen läßt in Begriffen und Formeln und Dogmen, in denen sie sich vielmehr, sie beherrschend, unbefangen bewegt.

Solche Abbildung läßt sich der Dichtung vergleichen. Wie die großen Romandichter der Neuzeit (vor allem Dostojewski, auch Balzac u. a.) eine Welt zeigen, in der häufig philosophische Gespräche stattfinden, so auch Plato. Er verhält sich scheinbar wie der Dichter, der alles zeigt, was möglich ist, allem sein Recht gibt, nicht Partei ergreift, der zeigt, nicht richtet, der jedem jenseits von Gut und Böse sein Dasein läßt im Lichte von Gut und Böse zugleich.

Der große Unterschied aber ist, daß der Sinn des Werkes bei Plato nicht die Abbildung jener Welt ist, sondern die philosophische Wahrheit, die im Denken liegt. Da dieses Denken, um sich mitzuteilen, den begrifflichen Lehrvortrag als unzulänglich erfährt, läßt es alle Mittel der Vergewisserung – auch das Schreiben von Dialogen – ergreifen, nicht aber sich selber preisgeben, nicht auf die Führung verzichten. Der Dichter, sagt daher Plato, von ihm Abstand nehmend, sei auf dem Dreifuß der Muse nicht recht bei Sinnen. Er gerate, wenn er Menschen von entgegengesetzter Sinnesart darstelle, häufig mit sich selbst in Widerspruch, ohne zu wissen, ob die eine oder die andere Aufstellung wahr sei. Doch nach Platos Willen bleibt in seinem gedichteten Dialog die Führung durch den Bezugspunkt des einen und ewig Wahren. Dieses kann nur indirekt durch das Ganze, worin diskutiert, gelehrt, geprüft, gestritten, widerlegt wird, den Zeiger auf sich lenken.

Plato braucht die Dichtung, um die Wahrheit, in der das lehrmäßig Vorzutragende nur ein Moment ist, zu vergegenwärtigen. Will man rational eindeutig wissen, welche Position die Platos sei, – welcher Unterredner sie vertrete, so ist das, wie beim Dichter, verwehrt. Plato dichtet denkende Menschen, er läßt seine Dialogfiguren sprechen und spricht nicht selbst. Es ist zu eindeutig, wenn es heißt (Diogenes Laertius), Sokrates, der Fremdling aus Elea, Timäus, der athenische Gastfreund, seien in den Dialogen die Personen, die sagen, was Plato selber für richtig halte. Plato hebt wie der Dichter die Gedanken in die Ebene der Möglichkeit. Das gestattet ihm die Suspension der eigenen Stellungnahme. Aber verstanden ist der philosophische Dialog nicht in der ästhetischen Unverbindlichkeit, sondern erst in der Erfahrung des Anspruchs an den Ernst der Selbstverwirklichung im Lesenden. Denn der Dialog ist indirekte Mitteilung der Wahrheit in der philosophischen Gestalt des Denkens.

Das einzige Ziel bleibt dieses Denken der Wahrheit. Dabei ist der erste Schritt immer die Befreiung von der Handfestigkeit rational bestimmter, aber scharf entwickelter, endlicher Positionen, damit die Skepsis im bloßen Verstande, jedoch mit dem Sinne, durch den vollendet durchgebildeten Verstand aus höherer Quelle das Unbedingte des Wahren, den Gehalt und die Lenkung zu empfangen.

Die Platonische Reflexion auf den Dialog macht bewußt, was für alle menschliche Wahrheit gilt:

Der Einzelne findet keine Wahrheit. Er sucht den andern, dem er mitteilen und mit dem er sich seiner Sache versichern kann. Und zwar müssen im Gespräch je zwei, nicht mehrere zugleich sein. Die andern hören zu, bis der Gang des Gesprächs an die Punkte gelangt, wo er durch rechte Unterbrechungen vorangeht oder durch falsche Unterbrechungen gestört wird. Dabei gilt, was gesagt wird, durch seine eigenen geistigen Akte, nicht etwa durch die Abstimmung der Anwesenden. »Denn ich weiß für das, was ich sage, nur einen einzigen Zeugen aufzustellen: meinen Gegner selbst, mit dem ich die Unterredung führe, die große Masse aber lasse ich laufen; nur einen verstehe ich zur Abstimmung zu bringen, mit der großen Masse aber unterrede ich mich gar nicht.« Im Gespräch zu zweien findet das ständige Sichvergewissern statt, daß der Partner zustimmt, widerspricht, mitgeht, dabei aber in der Haltung des noch Offenseins der Sache: »Denn, was ich sage, sage ich nicht als ein Wissender, vielmehr suche ich mit euch gemeinsam.«

Der Dialog ist *die Wirklichkeit des Denkens selber.* Sprechen und Denken ist eins. Was ist Denken? »Ein Gespräch, das die Seele mit sich selbst hält über das, was sie erforschen will... sie fragt sich selbst, beantwortet die Frage, bejaht und verneint... die Meinung ist eine gesprochene Rede, nur nicht zu einem andern und laut, sondern stillschweigend und zu sich selbst.«

Gespräch ist der *Weg zur Wahrheit.* Wer sich daher auf einen Dialog einläßt, ist verloren, wenn er ein Gegner der Wahrheit ist. Die grundsätzlich wahrheitsfeindliche und daher antikommunikative Position macht das Gespräch zum Widersinn. Daher verwerfen Dogmatiker und Nihilisten das Gespräch als wirkliches Gespräch. Sie berauben das Gespräch seiner Natur. Alle Mächte, die Unwahrheit wollen, verwehren oder – wenn sie die Gewalt haben – verbieten die Diskussion mit dem Gegner.

Plato brachte mit Sokrates das Philosophieren *bewußt in die Situation von Frage und Antwort,* und darüber hinaus in den Dialog in allen seinen Möglichkeiten. Es soll Rechenschaft gegeben werden, und zwar in dem ganzen Umfang aller Weisen des Miteinander, in dem logische Gründe zwar eine große Rolle spielen, aber nicht das Letzte, zwar das Unumgängliche, aber nicht das Entscheidende sind.

Plato reflektiert auf *die Weisen des philosophischen Gesprächs, des Diskutierens,* das er zugleich darstellt. Er veranschaulicht, wie lange Reden gehalten werden, wie man nacheinander redet, wie man sich widerspricht, aneinander vorbeiredet, dann das nächste und klarste Verständnis im kurzen Wechselgespräch sucht, oder wie man gar nicht versteht, was Miteinanderreden eigentlich bedeutet.

Besonders der Unterschied der *langen Reden* und der in kurzen Sätzen vorangehenden Diskussion, der Volksreden und des wirklichen Gesprächs wird Thema (Protagoras, Gorgias, Staat). Lange Reden haben die Nachteile: es wird vergessen, was gesagt wurde; man weicht der Frage aus, worum es sich handelt. Das Gespräch dagegen erlaubt es, sich Schritt für Schritt des Einverständnisses zu vergewissern, in der Präzision von Frage und Antwort, in der Zwickmühle der Alternativen zu logisch zwingenden Ergebnissen zu gelangen. So kann man, statt sich von Zuhörenden richten zu lassen, selber Redner und Richter zugleich sein und eigentliche Einmütigkeit gewinnen. Sokrates bittet seine Partner, auf diese Methode einzugehen, und stellt zur Wahl, entweder solle der andere oder er selber fragen; einer müsse jeweils die Führung haben, und das solle dann abwechselnd geschehen. Wenn darauf einer empört sagt, im freien Athen solle er etwa nicht frei reden dürfen, so lange es ihm gefalle, antwortet Sokrates, dann habe auch er die Freiheit, nicht zuzuhören. Protagoras sagt: Hätte ich getan, was du verlangst, würde ich keinen einzigen überwunden haben und keinen Namen unter den Hellenen besitzen.

Der Platonische Dialog ist durch die Fülle der Abbildungen des Miteinanderredens, des Gelingens und des Scheiterns, durch den Aufweis der Bedingungen des Gelingens, der dazu gehörenden anständigen Formen für alle Zeit ein Spiegel und eine Erziehung für die geworden, die wirklich miteinander sprechen wollen.

Voraussetzung im Gespräch ist *Hörenkönnen.* Wer sprechen will, muß noch offen und überzeugbar und nicht im endgültigen Besitz der Wahrheit sein. Zu Philebus' Wort »Dabei werde ich bleiben«, sagt Sokrates: »Jetzt wenigstens versteifen wir uns doch wohl nicht darauf, daß meine These den Sieg davontrage oder die deinige, sondern wir müssen beide uns zu Bundesgenossen dessen machen, was sich uns als das Wahrhaftigste darstellt.« – Darum ist Voraussetzung die *Bereitschaft, sich widerlegen zu lassen,* wenn man nicht recht hat, aber auch gern zu widerlegen, wenn sonst jemand nicht recht haben sollte. – Nicht auf die Person kommt es an: »Ihr müßt euch, wenn ihr mir folgen wollt, wenig um den Sokrates kümmern, desto mehr aber um die Wahrheit.« – Voraussetzung des Gesprächs ist die *Überzeugung, daß Wahrheit sei,* daß es »im gemeinsamen Interesse aller Menschen liegt, daß die wahre Natur jedes vorhandenen Dinges offenbar werde«.

Durchaus verschieden sind die bloßen *Streitreden* mit dem Ziel des Sieges von den um *Wahrheit bemühten Reden* mit dem Ziel der Kommunikation. Plato zeigt die Methoden des geistigen Totschlagens im scheinbaren Miteinanderreden. Man geht auf den Effekt, sucht durch ein Schlußwort für sich den Vorteil, bemüht sich, die Lacher auf seine Seite zu bringen. Das Reden ist nur ein Mittel des Kämpfens geworden, die Sprache, an sich das Mittel zum Sichverstehen, ein Mittel, sich gegenseitig zu täuschen. Die logischen Kunstgriffe des Überrumpelns, die Eristik sind bewußt gemacht (und später von Aristoteles systematisiert).

Voraussetzung eines guten Gesprächs sind auch die *Manieren des Umgangs.* Wohlwollen gegen den Andern und Freimut sind notwendig. Nicht nur die logischen Formen, sondern die Weisen, wie sie im Gespräch zur Geltung kommen, sind Bedingung der gemeinsamen Wahrheit: In Sokrates ist dargestellt die Urbanität, das Ungehässige auch noch im heftigen Kampf, die Mitteilungsweise der Wahrheit in der Hülle von Fragen und die Möglichkeit im Spiel. Sokrates ist kein Pedant und kein Moralpathetiker, weil sein Ernst so groß ist, daß der bornierte Ernst jener Gestalten dagegen unernst wird.

Zu den schlechten Manieren gehört: sich unterhalten, als ob man Befehle erteile; Abspringen vom Thema; bei Widerlegung nichtsdestoweniger auf dem Eigensinn der anfänglichen Meinung verharren; unter allen Umständen recht behalten wollen; das Gespräch abbrechen: »mir liegt gar nichts an dem, was du sagst«, »ich verstehe dich überhaupt nicht«.

Zu einem rechten Gespräch gehört, den Partner zu dessen Gunsten in seinem besten Wesen zu sehen. »Am liebsten, wenn es möglich wäre, müßten wir unsere Gegner besser machen; wenn dies aber nicht angeht, so wollen wir sie in unserer Unterredung als Gebesserte erscheinen lassen, indem wir die Annahme machen, sie seien gewillt, sachgemäßer und regelrechter zu antworten als es jetzt der Fall ist.«

Da die Sachen zu verstehen notwendig ist, um den Dialog zu verstehen, so kann sich der Zug des Ganzen nur dem Leser mitteilen, der diesen Sachen sich zuwendet. Hält man sich an das scheinbar ohne dieses Sachverständnis Zugängliche, an die Schilderung von Personen und Situationen, an den Ton des Sprechens, so versteht man selbst diese nicht oder nur in einer ästhetischen Auffassung und damit auch falsch.

Aber das je besondere Sachverständnis ist nicht ausreichend. Wenn der Dialog das Gefäß für das Denken des Entgegengesetzten ist, so handelt es sich nicht nur um einfache logische Antithesen, die auf zwei Personen verteilt sind, sondern um Gestalten, die sich denkend begegnen und darin offenbaren. In der Dialogik werden einander herausfordernde und ergänzende Tendenzen als Momente fühlbar. Da jede Denkungsart sich nur in gedachten Sachen mitteilen kann, ist im Dialog die Sache selbst dramatisiert. Die entscheidenden Wendepunkte erhalten einen sich einprägenden Akzent.

In den großartigsten Dialogen ist Plato eine Beziehung von Szene, Situation, Personen zum Gehalt der vorgebrachten Gedanken auf unnachahmliche Weise gelungen. Er veranschaulicht zugleich, was gedacht wird. Der Eros, das Thema des Gastmahls, hat in jedem der Beteiligten eine und in Sokrates die vollendete Wirklichkeit. Die Unsterblichkeit wird im Phaidon vom sterbenden Sokrates mit den von Trauer überwältigten Jünglingen erörtert. Das Nichtsein, von dem der Dialog Sophistes handelt, gewinnt im Sophisten, der selber ein Nichtseiendes ist, zugleich seine Darstellung. Der Gedanke als Inhalt hat sein Beispiel am Tun und Verhalten des Sprechenden oder des Bekämpften. So erlaubt der Dialog, mit dem logischen zugleich den existentiellen Sinn des Gedachten gegenwärtig werden zu lassen: durch die Rückbeziehung des Dialoginhalts auf Menschen und Situationen.

Die eristischen Reden, die Tricks der scheinbar logischen Überwältigung des Gegners sind nur möglich, weil im Denken selber die Widersprüchlichkeit steckt. Der Dialog Platos zeigt die Grundwahrheit des Sichbewegens der Gedanken in Widersprüchen. Gegen die wahrheitswidrige Eristik hilft nicht die Sturheit festgehaltener Behauptungen, sondern die Kunst der Beherrschung der Widersprüche. Die Gefahr liegt schon in der Natur der Sache und kann nur durch ihre Erkenntnis bestanden werden. Wenn jemand ohne Kunst, die sich auf Reden (logoi) versteht, einer Rede getraut hat, daß sie wahr sei, und wenn sie ihm dann bald wieder falsch vorkommt, manchmal mit Recht, manchmal mit Unrecht, dann kann er, zumal wenn er sich mit Streitreden abgibt, am Ende glauben, ganz weise geworden zu sein mit der Einsicht, daß an keinem Dinge etwas Richtiges sei und auch an den Reden nicht, daß vielmehr alles von oben nach unten sich dreht und keine Zeitlang bei etwas bleibt. Solcher Weg führt in die Misologie, wie die Enttäuschung derer, die nicht lernen, sich mit Menschen zu begegnen, zur Misanthropie.

Die *Aufweisung von Widersprüchen* hat zwei für das gesamte Philosophieren wesentliche Folgen.

Erstens: Die Aufweisung von Widersprüchen macht als *»Reinigungskunst«* durch Widerlegungen das Nichtwissen bewußt und öffnet den Weg. Wer sich einbildet, wissend zu sein, der lehnt es ab, etwas zu lernen. Wenn er aber, während er sich einbildet, richtig zu urteilen, und doch nur in den Tag hineinredet, den Fragen ausgesetzt wird, dann geschieht dies: der Gefragte äußert sich bald so, bald wieder anders. Die dialektische Kunst rückt ihm eng aneinander, was sich widerspricht. Dadurch weist sie nach, daß die schwankenden Meinungen »zu gleicher Zeit auf das nämliche Objekt bezogen miteinander in Widerspruch stehen«. Auf diese Weise werden die Träger der Meinungen »von ihren großen und harten Wahnvorstellungen über sich selbst befreit, eine Befreiung, so schön, daß lieblicher keine zu künden ist, und zugleich für den, der sie an sich erfährt, so sicher wie keine andere«. Solche befreiende Reinigung führt ihn dazu, nur das zu wissen, was er wirklich weiß. Denn bei aller Aufweisung von Widersprüchen, gilt: »Die Wahrheit wird niemals widerlegt.« – Die Fähigkeit, der Widerlegung zugänglich zu sein, wird durch Bildung erworben und ist ein Zeichen der Vornehmheit, während man den der Widerlegung Unzugänglichen, mag er auch der Großkönig sein, für ungebildet und seine Seele für bis zur Häßlichkeit vernachlässigt halten muß.

Zweitens: Die Aufweisung von Widersprüchen bringt *das Denken* in die ihm selbst eingeborene *Bewegung*. Sie bewirkt in der dialogischen Darstellung die Suspension des Gedachten durch die Bewegung des Denkens. Während in einer Lehrschrift die Gedanken als gültige dargelegt, in einer Untersuchung Schritt für Schritt methodisch für den Leser hervorgebracht werden von dem Autor, der in ihrem Besitz ist, soll im Dialog sich die Wahrheit im Austausch und Fortgang des Gesprächs wie von selbst als ein Objektives zeigen, das in keiner einzelnen Position enthalten ist. Es wird im Dialog dargestellt, wie die

Wahrheit gesucht wird und wie das Denken sich vollzieht, dem sie offenbar werden kann. Es ist keineswegs so, daß eine auch direkt und dann besser in einer Lehrschrift darstellbare Wahrheit nun eigentlich überflüssigerweise in einen Dialog eingekleidet würde. Vielmehr ist im Dialog auch durch den Gegner etwas vorgebracht, das im Ganzen des Wahren einen unumgänglichen Sinn hat.

b) *Ironie und Spiel:* Wäre die Sokratische Ironie aufhebbar durch direkte Mitteilung, so brauchte sie nicht zu sein. Im Ironischen das Indirekte angemessen zu erfahren, fordert neben der Übung des rationalen Gedankens die Schule der philosophischen Sensibilität. In der Vielfachheit des Ironischen muß das Ineinander von Täuschung und Wahrheit, das Vieldeutige, daß Wahrheit nur werden kann für den, der recht versteht, ständig zu Mißverständnis verleiten. Es ist, als ob Plato sagen wollte: sie sollen mißverstehen, die nicht verstehen können. In der Leichtigkeit der Ironie scheint manchmal ein Ingrimm verborgen. Hier, wo in der Mitteilung die Rationalität aufhört, ist die Richtigkeit eines Verständnisses mit rationalen Argumenten nicht zu erzwingen. In der tiefsinnigen Ironie ist die Sorge um das eigentlich Wahre. Die Ironie soll uns retten vor dem Irrtum der Wahrheitsbemächtigung im gegenständlichen Wissen, im Werk, in der Gestalt, die zwar herrlich sind, aber unwahr werden im Augenblick, in dem wir sie als absolut nehmen.

Eine Zweideutigkeit der Ironie kann ihren tiefen Sinn schnell verloren gehen lassen. Sie wird der Weg zur Vernichtung ohne eigenen Gehalt, wird die Sprache des faktischen Nihilismus. Das Lächerliche tötet. Diese Ironie verfährt nach dem Prinzip des Gorgias: dem Lächerlichen durch Ernst, dem Ernst durch Lächerlichmachen zu begegnen. Von allem wird nur das Nichts offenbar. Diese Ironie ist nicht die sich verbergende Sprache des Eros, sondern Kampf um die Macht des Nichts. Sie richtet sich gegen jeden Ernst als solchen, ist der bodenlose Kampf eines lärmenden Nichtseins.

Die philosophische Ironie dagegen ist Ausdruck der Gewißheit eines ursprünglichen Gehalts. Ratlos vor der Eindeutigkeit des rationalen Redens und der Vieldeutigkeit der Erscheinungen, möchte sie das Wahre treffen, indem sie es nicht sagt, sondern erweckt. Sie möchte für die Verborgenheit des Wahren ein Zeichen geben, während die nihilistische Ironie leer ist. Sie möchte im Strudel der Erscheinungen durch wahre Enthüllung zum unaussagbar Gegenwärtigen in seiner Wahrheit führen, während die leere Ironie durch den Strudel in das

Nichts fallen läßt. Die philosophische Ironie ist Scham vor der Direktheit. Sie wehrt das unmittelbare totale Mißverstehen ab.

All das findet sich in den Platonischen Dialogen. Hier mag man das Ironische in drei Stufen sehen. Zunächst vollzieht Sokrates im Gespräch die Ironie, die ohne weiteres sichtbar ist in seinem unmittelbar falschen, den anderen irreführenden oder urban schonenden oder aggressiv schlagenden Sprechen. Eine höhere Stufe ist die ironische Grundhaltung des Sokrates zum Zwecke der Erzeugung des Wissens des Nichtwissens. Die dritte Stufe ist, daß Plato eine Gesamtatmosphäre des Schwebens entstehen läßt, in der die Ironie gesteigert ist zur absoluten Zweideutigkeit alles endlich Bestimmten. Nur in dieser Zweideutigkeit zeigt sich der Kern des Seins, in der totalen Ironie: daß nichts ist, was nicht auf diese Weise in die Schwebe gebracht wird. Gedanken und Mythen sind nur gleichsam Würfe des Seils dorthin, wo selbst der Name des Seins verschwinden muß. Die aussagende Philosophie ergeht sich nur in Möglichkeiten auf dem Wege. Sie ist ernst, aber nicht von dem finsteren Ernst des dogmatischen Besitzers der Wahrheit und nicht von dem grimmigen Ernst des nihilistischen Hohns, sondern von dem Ernst des Freiseins (Eleutherotes), der selber Spiel heißen kann. Diese totale Ironie, in die Plato sich selbst hineinnimmt, sei an zwei Beispielen gezeigt:

Die ironische Geringschätzung seines *eigenen Tuns als philosophischer Schriftsteller* vollzieht er in der Beurteilung von Schriftwerken: sie sind nicht der Same, womit es ihm ernst ist, sondern sie sind wie die Adonisgärtchen (Blumenkörbe beim Adonisfest), nur zum Spiel gepflanzt und schnell absterbend; wenn andere sich an anderen Ergötzlichkeiten erfreuen, so vertreibt er sich mit diesem Scherze die Zeit, um einen Augenblick die aufgehenden zarten Pflänzchen zu sehen. An dem geschriebenen Worte müsse notwendig das Spiel mitbeteiligt sein, und nie sei ein Wort, das recht ernst zu nehmen wäre, in gebundener oder ungebundener Form je geschrieben worden oder vorgetragen.

Die *ganze Beschäftigung des Menschen* gerät in ein zweideutiges Licht. »Freilich verdienen die Angelegenheiten der Menschen keine hohe Beachtung, und doch muß man sie ihnen widmen, wenn darin auch kein sonderliches Glück gelegen ist.« Ernst verdient nur das Ernsthafte. Das ist Gott. Der Mensch ist Gottes kunstvoll eingerichtetes Spielwerk, und dies zu sein, ist des Menschen Bestes. Darum sollten Mann und Frau nichts tun als nur die schönsten Spiele feiern. Wir sind ja doch größtenteils der Götter Puppenspiel, und von Wahrheit und Wirklichkeit haben wir nur ein winziges Stückchen. Als auf diese Worte hin der Vorwurf erhoben wird, er setze das Menschengeschlecht doch recht tief herunter, kommt die Antwort: verzeihe mir, »was ich eben gesagt, kommt von der Wirkung, die es auf mich hat, wenn ich dabei auf die Gottheit hinblicke«, unser Geschlecht soll also nicht so tief stehen, sondern einige Achtung verdienen. – In solcher Ironie aus der Enttäuschung am Menschen gilt also die Nichtigkeit eines Marionettenseins doch nur vor Gott. Auch dieser Aspekt wird wieder beschränkt und ohne Bestimmtheit ein offener Raum für den Menschen gelassen.

3. *Idee, Dialektik, Eros*

A. Die »Ideenlehre«

a) *Die höchste Instanz, das agathon.* – Plato hat von Anfang an jene höchste Instanz gesucht, um die zu wissen allem Denken und Tun erst Sinn verleiht. Sie heißt die höchste Wissenschaft (megiston mathema). Keine Mühe ist zu groß, um zu ihr zu gelangen. Sie ist das allein Wichtige. Ihr Gegenstand ist das Gute (agathon).

»Jede Seele strebt nach dem Guten und läßt um seinetwillen nichts ungetan in der Ahnung, daß ihm doch ein Sein zukomme, dabei aber doch schwankend, es in seiner wahren Bedeutung befriedigend zu erfassen und zu einer festen Überzeugung darüber zu gelangen.« Was das Gute sei, bringt ein Platonisches Gleichnis näher: Das Gute ist im Reich des Denkbaren wie die Sonne im Reich des Sichtbaren. Die Sonne selbst sehen wir nicht, aber wir sehen alles in ihrem Licht. Das Gute selber denken wir nicht, aber denken alles gleichsam in seinem Lichte. Was die Sonne im Bereiche des Sichtbaren im Verhältnis zu dem Gesicht (dem sonnenartigsten von allen Organen der sinnlichen Wahrnehmung) und zu dem Gesehenen ist, das ist das Gute im Bereiche des Denkbaren im Verhältnis zu der Vernunft (dem höchsten Vermögen des Menschen) und zum Gedachten. Wenn die Seele fest gerichtet ist auf das, worauf das Licht des Guten oder wahrhaft Seienden fällt, dann erkennt sie es und scheint im Besitze der Vernunft zu sein. Wenn sie aber auf das mit Finsternis Gemischte blickt, auf das Entstehende und Vergehende, dann wird sie stumpfsichtig und fällt dem bloßen Meinen anheim, bar aller Vernunft.

Wie das Gesicht wohl sonnenartig, aber nicht die Sonne ist, so ist wahre Erkenntnis wohl verwandt dem Guten, aber nicht das Gute selbst.

Wie die Sonne den Dingen nicht nur das Vermögen, gesehen zu werden, verleiht, sondern auch ihnen selber Werden, Wachstum und Nahrung gibt, ohne selbst ein Werden zu sein, so verleiht das Gute dem Erkennbaren nicht nur das Erkanntwerden, sondern auch sein Sein und Wesen, ohne selbst ein Sein zu sein. Denn es ragt an Würde und Kraft noch über das Sein hinaus (epekeina tes usias).

b) *Die Ideenwelt. Zwei Welten.* – Was ist nun das, was durch das Gute, durch das Überseiende sein ewiges Sein hat? Was ist dies, was wir im Licht des Guten denken? Es ist das Reich der Ideen, die als Urbilder werdelos über allem Werden stehen. Es ist der ewige Bestand eines Reiches der Wesenheiten: die Gleichheit und Andersheit an sich, – die Gerechtigkeit an sich, – die Schönheit an sich, – das Bett und der Tisch an sich, – und so alles, was wir als gültig, gesetzgebend, geformt vor Augen haben.

Undialektisch dargestellt gibt es die Welt des Seins (das Reich der unwandelbaren Ideen, ungeworden und unzerstörbar, es selbst, weder anderes aufnehmend, noch in anderes eingehend, dem Auge verborgen, Sache reinen Denkens) und des Werdens (das wandelbare, nie bleibende, erzeugt, in ständiger Bewegung, an einem Orte entstehend und da wieder verschwindend, erfaßbar nur durch Meinen im Bunde mit der Sinneswahrnehmung). Das dritte aber ist (Timäus) der Raum, der, keiner Vernichtung zugänglich, allem Entstehenden eine Stätte gewährt, ohne Sinneswahrnehmung in seinem ewigen Nichtsein erkannt wird durch eine Art unechter Einsicht (Bastardschluß, logismus nothos).

Raum und die Welt des Werdens in ihm ist das Gebiet, auf das wir uns beziehen, wenn wir sehend träumen und sagen: alles, was da ist, müsse doch an einem bestimmten Ort sein, was aber weder auf Erden noch irgendwo in der Welt sei, das habe überhaupt kein Sein. Diese Einbildungen übertragen wir infolge dieses Traumzustandes auch auf das Reich des nimmer schlummernden, wahrhaften Seins.

Das Reich der Ideen heißt der überhimmlische Ort (hyperouranios topos), der Ort der Gedanken (topos noetos). Es wird in Gleichnissen und Begriffen umkreist:

»Dort ist das farblose und gestaltlose und unberührbare, wesenhaft seiende Wesen nur für den Lenker der Seele, den Geist, schaubar. Sie erblickt dort die Gerechtigkeit selbst, die Besonnenheit, erblickt die Wissenschaft, nicht die, der ein Werden zukommt, nicht die, die immer eine andere ist, je nachdem sie an einem anderen der Gegenstände haftet, die wir jetzt seiende nennen, sondern die an dem, was das wesenhafte Sein ist, haftende Wissenschaft« (Phaidros).

»Jenes Wesen, welchem wir das eigentliche Sein zuschreiben, ist das Gleiche selbst, das Schöne selbst, und so jegliches, was nur ist, selbst« (Phaidon).

Wo der denkende Aufschwung zum Ziel gelangt, da steht vor dem geistigen Auge »ein Wunderbares, jenes Selbst, auf das alle früheren Bemühungen hinzielten, – ewig seiend und weder entstehend noch vergehend, weder zunehmend noch abnehmend, weiter nicht in gewisser Beziehung schön, in anderer häßlich... Auch wird sich dies Schöne nicht zeigen als ein Gesicht, oder als Hände oder von sonst etwas Körperhaftem, auch nicht als eine Art von Rede oder Erkenntnis, auch nicht als in etwas Anderem enthalten, sei es in einem lebenden Wesen oder sei es auf Erden oder im Himmel, sondern als ein mit sich selbst für sich selbst ewig eingestaltiges Sein« (Gastmahl).

Man könnte solche Sätze leer nennen, beschränkt auf negative Aussagen, Tautologien. Dagegen steht: ob man die Eröffnung eines Raumes erspürt durch Negationen jeder Weise von Bestimmtheit und Endlichkeit, – eines Raumes, in dem gegenwärtig wird, was jeder anderen Form der Mitteilung sich entzieht. Dann gelten die Worte der Diotima: »Auf dieser Stufe des Lebens ist, wenn irgendwo, das Leben für den Menschen lebenswert... Meinst du etwa, es sei ein nichtiges Leben, wenn ein Mensch dahin blickt und immerdar jenes anschaut und mit ihm zusammen ist?... Sagst du dies nicht, daß es ihm dort allein gelingen wird, mit seinem geistigen Auge nicht bloß Schattenbilder der Tugend (arete) zu erzeugen, sondern die wahre Tugend... Gebiert er aber die wahre Tugend und läßt er sie sich weiter entwickeln, dann ist es ihm beschieden, ein Gottgeliebter zu werden und unsterblich, wenn irgendein Mensch.«

Zwei Welten also kennt Plato: die Ideenwelt und die Sinneswelt, die Welt des Seins und die Welt des Werdens, die noetische (intelligible) Welt und die Erscheinungswelt.

c) *Die Beziehung der zwei Welten.* – Grundform dieses Platonischen Denkens ist der Schnitt (tmema), und zwar zwischen der werdenden Welt der zeitlichen Dinge und der ewigen Welt der bleibenden Ideen (dann aber der Schnitt zwischen der Ideenwelt und dem Jenseits ihrer, wo das sagbare Erkennen, das in der Ideenwelt sich bewegt, überspringt zum unsagbaren Berühren des Einen und Guten). Aus der Grundform der Trennung (chorismos) des durch einen Sprung getrennten Seins folgt die Frage, wie beide Welten sich aufeinander beziehen.

Die Beziehung der werdenden Dinge zu den Ideen wird gedacht: als Teilhabe (methexis) der Dinge an den Ideen, wodurch die Dinge überhaupt erst ihr Sein (zwischen eigentlichem Sein und Nichtsein) haben; – oder umgekehrt als Gegenwärtigkeit (parusia) der Ideen in den Dingen; – dann als Urbild, Vorbild (paradeigma) zum Abbild; – oder entsprechend als Nachahmung (mimesis) der Ideen durch die Dinge.

d) *Was die Idee sei.* – Wir möchten näher wissen, was die Idee sei, welchen Umfang die Ideenwelt habe, wie weit sie reiche. Sammelt man die vielen Wendungen, die Plato je nach Zusammenhang benutzt, so ergibt sich ein fast verwirrendes Bild (O. Becker). Plato bedient sich zu ihrer Bezeichnung der Hauptworte: Gestalt (eidos), Form (morphe), Gattung (genos), Wesen (usia), Einheit (monas, henas), – der fürwörtlichen und beziehungswörtlichen Wendungen: »was«, »was es ist«, »selbst« (die Schönheit selbst, das Pferd selbst), »an sich«, – der Seinsausdrücke: das Seiende, das seiend Seiende (ontos on), – der Einzahl statt der Mehrzahl: das Pferd im Gegensatz zu die Pferde, das Schöne im Gegensatz zu den schönen Dingen, das Sein im Gegensatz zu den seienden Dingen.

Die Frage, wie weit die Ideenwelt reiche, ob alles, was auf irgendeine Weise ist, auch seine Idee hat, wird im Parmenides erörtert: die Ideen von Größengleichheit (isotes) und Artgleichheit (homoiotos), – die Ideen des Gerechten, des Schönen, – die Ideen des Menschen, der anderen Lebewesen, – die Ideen der hergestellten Gebrauchsgegenstände: Tisch, Bett, – die Ideen der Elemente, wie Feuer, Wasser, – die Idee von Kot, Schmutz und verächtlichen Dingen. Einmal werden die obersten Bedeutungsmomente als nur fünf entwickelt: Sein, Gleichheit, Andersheit, Ruhe, Bewegung (Sophistes).

Auch das Gute, das Jenseits des Seins heißt Idee. Aber dieser Name kann trügen. Es ist von allen anderen Ideen unterschieden wie eine schöpferische, das Sein selbst verleihende Macht von den ruhenden, wirkungslosen Vorbildern oder Mustern des Seienden.

e) *Welche vollziehbaren Vergegenwärtigungen liegen der Ideenlehre zugrunde?*

Der Sinn eines Gedachten ist als sich selbst gleich zeitlos. Der Inhalt des Pythagoreischen Lehrsatzes gilt zeitlos, seine Entdeckung und jedes folgende Denken seines Inhalts ist zeitlich. Auf dem Wege mathematischer Einsicht in das zwingend Gültige, das zeitlos ist, geht ein Sein auf als bestehendes, nicht fließendes Sein. Wir erfahren das Allgemeine, Gültige, dem wir uns, wenn wir es verstehen, nicht entziehen können und in dem wir eine Gewißheit kennen, die unerschütterlich ist.

Das, wodurch etwas Eines ist, und ist, was es ist, hat gedacht den Charakter des Beständigen: so der Begriff des Pferdes, aber kein einzelnes Pferd.

Das, was wir als bleibend erkennen, entnehmen wir nicht der Sinneswahrnehmung, sondern erfahren es an deren Leitfaden: Der Mathematiker bedient sich der sichtbaren Gestalten, während der Gegenstand seines Denkens nicht diese sind, sondern jene, deren Abbilder sie sind: das Quadrat an sich, die Diagonale an sich. Die Figuren dienen als Bilder, um mit ihrer Hilfe das zu erkennen, was niemand auf andere Weise erkennen kann als durch den denkenden Verstand (dianoia).

Wir bringen zur Sinneswahrnehmung des Werdenden und ständig sich Wandelnden etwas hinzu, jenes zeitlos Bestehende. Dies ist, wenn wir es mit Bewußtsein erkennen, in uns vorher schon da (später a priori genannt im Gegensatz zur Erfahrung a posteriori). Plato zeigt im Menon, wie man im Erkennen findet (am Beispiel der Mathematik), was man eigentlich schon weiß und nur gleichsam wiedererinnert, worin die »Einsicht der Urerschlossenheit des Seins im eigenen Grunde der Psyche sich ergreifend ausspricht« (Natorp).

Auf dem Wege des Hinausschreitens über das gegenständlich Faßliche geschieht die Vergewisserung dessen, wodurch alles ist und von woher es erleuchtet wird.

Philosophierend glauben wir die Dinge als Gleichnisse zu sehen. »Die Zeit ist das bewegte Bild der Ewigkeit.« Alle Bilder gehören in Zeit und Raum, das durch die Bilder erscheinende wahrhaft Seiende ist ohne Zeit und ohne Raum.

f) *Die fixierende Deutung der Ideenlehre.* – Gegenüber der Vielsinnigkeit der Ideenlehre ist es vergeblich, sie auf ein Prinzip zu reduzieren und als Ganzes zu deuten.

Vergeblich, den Sinn der Ideen zu fixieren: Sie sind nicht reale Gestalten, nicht objektive Bildungen, nicht wie sinnlich wahrnehmbare Dinge nun geistig schaubare Dinge, nicht Vorstellungen, nicht Ideale der Phantasie, nicht Begriffe und nicht gültige Ansprüche, – sondern nur dies alles auch.

Vergeblich, eine platonische Ideenlehre systematisch zu entwerfen. Einen Gedankenweg, eine Weise ihrer Vergegenwärtigung zum Lehrstück zu machen, ist sinnwidrig. Plato geht viele Wege.

Wir verstehen die Ideenlehre auch nicht als eine Entwicklung Platonischen Denkens, in dem sie aus Anfängen in mehreren Schritten zur Reife und zur Vollendung käme. Wohl entfaltet sich das Denken der Ideen in der Reihe der Dialoge durch vierzig Jahre. Aber es gibt keine zur Einheit gefügte Ideenlehre, sondern nur einen Komplex von Gedankenvollzügen, deren Ursprung in den frühesten Dialogen da ist, deren einzelne sich bis zuletzt wiederholen, während andere neu hinzukommen. Im Gang dieses Denkens spielt das Denken der Ideen für den denkenden Aufstieg zum eigentlichen Sein eine hervorragende Rolle, wandelt aber ihren Ausdruck je nach der Weise, wie dieser Aufstieg sich jeweils mitteilt. Sie wird, wenn sie sich als Lehre verfestigt hat und als solche dann unlösbare Probleme aufgibt, für Plato zum Gegenstand der Kritik. Er stellt sie dann in Frage: ob es nur Ideen von Gutem oder auch von Schlechtem gebe, wie die vielen Ideen zusammenhängen, wie sie sind und zugleich nicht sind. Die Ideen sind nicht nur Urbilder, Vorbilder, Gattungen, Einheiten. Sie werden schließlich als Formen alles Seienden zu Zahlen (als individueller Urformen, nicht als Quantitäten). Sie gliedern sich auf mannigfache Weise. In späteren Dialogen ist von ihnen gar nicht mehr die Rede, und in einem sehr späten (Timäus) sind sie in einfachster Weise, nämlich als Gestalten, auf die blickend der Demiurg die Welt hervorbringt, wieder da. Es scheint ein Weg von den Aporien (vor allem in den Frühdialogen) zur Ideenlehre und von ihr zum Unsagbaren. Der Rahmen wird immer weiter, der Raum offener und erfüllter zugleich, die Lösung ist niemals im Gang unseres Denkens fertig.

Historisch lebt die Ideenlehre fort in einer schönen, aber unzureichenden Simplifikation als der Gedanke eines Reiches ewiger Wesenheiten, als eine Welt von Urbildern aller Dinge, als das, was sich offenbart in den Visionen der Dichter und Künstler und in der Geltung mit sich gleichbleibender Begriffe. In der Dreiheit des Guten, Schönen, Wahren (Agathon, Kalon, Sophon), die Plato zuerst ausgesprochen hat, ist sie in die Sprachen als geläufige Redefolge eingegangen.

g) *Das Höhlengleichnis.* – Am eindrucksvollsten wird die Ideenlehre durch das berühmte Höhlengleichnis gegenwärtig (Staat, 7. Buch), das Gleichnis unserer menschlichen Situation und des Sinns des in ihr möglichen Erkennens und Tuns.

Die Menschen leben in einer unterirdischen Höhle, festgebannt an Schenkeln und Hals, immer an der nämlichen Stelle, mit dem Blick vor sich hin, durch die Fesseln gehindert, ihren Kopf zurückzuwenden. In ihrem Rücken führt ein langer Gang nach aufwärts. Von dort leuchtet in die Höhle ein Feuerschein. Zwischen dem Feuer und den Gefesselten läuft oben ein Weg, längs dessen eine niedrige Mauer errichtet ist. Hinter der Mauer tragen Leute bald redend, bald schweigend allerlei Gerätschaften und Bildsäulen vorbei, die über die Mauer hinausragen. Die Gefesselten sehen von allen diesen Dingen und von sich selbst die Schatten, die von dem Feuer auf die ihnen gegenüberliegende Wand geworfen werden. Sie halten nichts anderes für wahr als die Schatten der künstlichen Gegenstände und fassen die gehörten Worte als Worte der vorübergehenden Schatten auf.

Nun geschieht etwas Wunderbares. Den Gefangenen werden die Fesseln gelöst. Wird dann einer genötigt aufzustehen, den Hals umzuwenden, so geschieht das unter Schmerzen. Seine Augen sind geblendet von dem Glanze des Feuerscheins. Er ist nicht imstande, die Dinge zu erkennen, deren Schatten er vorher sah. Er glaubt, die vorher geschauten Schatten seien wirklicher und wahrer als das, was man ihm jetzt zeige. Sollte er den Feuerschein sehen, so würden die Augen schmerzen. Er würde sie abwenden und den Dingen zustreben, deren Anblick ihm geläufig ist. Und diese würde er für tatsächlich gewisser halten.

Aber nun wird ihm keine Ruhe gelassen. Gewaltsam wird er durch den steilen Ausgang aus der Höhle geschleppt. Er gelangt an das Licht der Sonne. Aber er fühlt nur Schmerzen, sträubt sich, kann völlig geblendet im Glanz der Sonne gar nichts erkennen. Er muß sich langsam gewöhnen. Dann sieht er die Dinge oben in einer Stufenfolge: am leichtesten und zuerst die Schatten, dann die im Wasser gespiegelten Abbilder, dann die wirklichen Gegenstände selber, dann in der Nacht die Erscheinungen am Himmel, das Licht der Sterne und des Mondes, dann am Tage das Sonnenlicht und die Sonne selbst. Nun sieht er nicht bloß Abspiegelungen, sondern alles selbst in voller Wirklichkeit. Und dann schließt er durch Folgerungen: daß wir der Sonne die Jahreszeiten verdanken, daß sie über allem waltet, daß sie in gewissem Sinne auch die Urheberin jener Erscheinungen sei, die er vordem in der Höhle sah. Er gelangt in einen Zustand, in dem er sich glückselig preist bei Erinnerung an jene erste Wohnstätte. Dort gab es Ehren und Auszeichnungen für die, die die Schatten der vorübergetragenen Gegenstände am schärfsten wahrnehmen und am besten erinnern und auf Grund dessen am besten das künftig Eintretende erraten können. Jetzt aber will er lieber alles ertragen, als wieder im Banne jener Trugmeinungen zu stehen und ein Leben jener Art zu führen.

Nun kehrt er, um auch die anderen zu befreien, in die Höhle zurück. Seine Augen, dort eingetaucht in Finsternis, sehen zunächst nichts. Daher wird er lächerlich, wenn er in der Deutung der Schattenbilder mit den Gefesselten wetteifern wollte. Sie sagen: sein Aufstieg nach oben sei schuld daran, seine Augen seien verdorben, der Versuch solchen Aufstiegs sei verwerflich. Und wenn er versuchte, sie zu entfesseln und hinaufzuführen, so würden sie ihn umbringen.

So schildert Plato. Die Bezüge dieses Gleichnisses sind erstaunlich reich: das Gleichnis der Welten und der zu ihnen gehörenden Erkenntnisweisen; – das Gleichnis der menschlichen Lebensarten und der doppelten, entgegengesetzt begründeten Blindheit; – das Gleichnis der Weisen der Wahrheit; – das Gleichnis des Übersteigens (Transzendierens) als Wesen des menschlichen Seins und Erkennens. Wir versagen uns die Wiedergabe dieser Deutungen, sowohl derer, die Plato selbst gibt, wie derer, die man erweiternd hinzugefügt hat. Das Gleichnis gilt manchen als steif, zu verwickelt, zu pedantisch. Das schulmeisterliche Durchdenken der Deutungen bis ins Detail kann wohl einen Augenblick so anmuten. Doch im ganzen ist das Gleichnis mit seinen Deutungen unvergeßlich. Es ist ein Wunderwerk philosophischer Erfindung, um Anhaltspunkte für Gedanken zu haben, die der direkten Aussprechbarkeit nicht zugänglich sind.

Einzelne Momente des Gleichnisses haben historisch fortgelebt: der Mensch als Höhlenbewohner – die Lichtmetaphysik des Mittelalters – das Hervorbringen allen Lebens durch die Sonne. Wir greifen drei Momente des Gleichnisses heraus, die das Platonische Philosophieren überall bestimmen: die Umwendung – die Erkenntnisstufen – die doppelte Richtung menschlichen Lebens.

h) *Die Umkehr.* – Des Menschen Einsicht ist gebunden an eine Umkehr (metastrophe, periagoge). Sie geschieht nicht durch ein Geben von außen her, nicht etwa durch ein Einsetzen von Augen (die sind schon da), nicht durch Einpflanzung eines Samens. Sondern so, wie in der Höhle die Umwendung der Augen nur mit dem ganzen Körper erfolgt, so muß das Wissen mitsamt der ganzen Seele aus dem Bereich des Werdens nach dem Sein sich umkehren. Erziehung (paideia) ist daher die Kunst, solche Umkehrung herbeizuführen. Wegen ihres göttlichen Ursprungs ist das Vermögen vernünftiger Einsicht immer schon da, in verborgener Kraft. Aber zum Heile wird sie erst durch die Umdrehung, sonst ist dasselbe Vermögen heillos.

i) *Die Stufenlehre.* – Das Erkennen geht einen Stufenweg. Vom sinnlich Wahrgenommenen geht es zum reinen Gedanken (in der Mathematik) – vom reinen Gedanken zur Idee (von mathematischer Erkenntnis zu dialektischer Wissenschaft) – von der Idee zum Jenseits des Seins (von den Ideen zur einen Idee des Guten).

Oder anders: Von sinnlicher Erfahrung geht es zur richtigen Meinung (doxa alethes). »Doxa wird zum Ausdruck des Emportauchens einzelner Wahrheit aus dem Urgrunde, des Hervorbrechens also je eines einzelnen Strahls aus dem Lichte des Überhimmels in das Dunkel, in dem die Psyche sonst in die Irre ging« (Natorp). Von der doxa geht es über die Wissenschaften zur höheren Stufe, auf der das reine Leuchten der Ideen stattfindet, und von dort zum Berühren dessen, wodurch erst die Ideen leuchten können und sind.

Die Stufen sind je nach dem Aspekt Stufen der Erkenntnis, Stufen des menschlichen Sichverhaltens in seinem gesamten Zustand, Stufen des Seienden. Ihr Weg ist zugleich Vertiefung der Erkenntnis – Selbstwerden in der Reinheit der Seele – Hingelangen zum Sehen des Höchsten.

Von den Stufen spricht Plato etwa im Staat (6. und 7. Buch), im Siebenten Brief, im Gastmahl. Ein Beispiel: Wo das Gute das Schöne heißt, ist es richtig, »daß man von den schönen Dingen beginnend jenes Schönen wegen immer hinaufsteige, gleichsam auf Stufen steigend, – von einem zu zweien und von zweien zu allen schönen Leibern, und von den schönen Leibern zur schönen Lebensführung, und von der schönen Lebensführung zu den schönen Erkenntnissen, bis man von den Erkenntnissen endlich zu jener Erkenntnis gelangt, welche die Erkenntnis von nichts anderem als jenem Schönen selbst ist, und man am Ende jenes Selbst, welches schön ist, erkenne. Und hier, wenn irgendwo, ist das Leben dem Menschen lebenswert, wo er das Schöne selbst schaut« (Gastmahl).

Auf den früheren Stufen uns aufhaltend, haben wir die Neigung, hier zu sprechen, als ob die oberen nicht da seien. Das Gespräch auf ihnen aber kann Wahrheit nur gewinnen durch Führung von den oberen her. Fehlt die Führung, so hat der Schein endlos schwankender

Mitteilung die Oberhand. Dann bleiben wir in Ratlosigkeit und Trotz, weil uns die innere Verwandtschaft zu dem Gehalt dessen fehlt, was alles führen muß, wenn Wahrheit sein soll.

Wir sind auf die oberen Stufen gewiesen, um aufsteigend sie zu beschreiten. Für sich bleiben die niederen Stufen im Unverständnis der Unwissenheit. Das hat zur Folge, daß, wer die unumgänglichen niederen Stufen überschreitet, um die höheren Gegenstände selbst zur Sprache zu bringen, und wer daher auf die ihnen entsprechende höhere Erkenntnisstufe sich einläßt, in eine wunderliche Lage gerät. Denn da hat immer der der niederen Stufe Verhaftete, hat »der Widerlegungskundige, wenn er nur will, gewonnenes Spiel und stellt den, welcher in Rede, Schrift oder Antwort seine Gedanken zum Ausdruck bringt, der Mehrzahl der Zuhörer als einen Stümper hin...« Denn auf den niederen Erkenntnisstufen muß das Wahre in Widersprüchen sich bewegen. »Dabei haben die Hörer mitunter gar keine Ahnung davon, daß eigentlich nicht das, was die Seele denkt, widerlegt wird, sondern die von Haus aus unzulängliche Natur jeder der niederen Erkenntnisstufen.«

k) *Zwei notwendige Richtungen des menschlichen Lebens.* – Für das Verhalten der denkenden Seele öffnen sich zwei Richtungen: aus der Erscheinungswelt hinaus in die ewige Welt (Phaidon), und dann aus der ewigen Welt her wiederum die Erscheinungswelt zu erblicken, zu begreifen und zu gestalten (Staat, Gesetze, – Timäus). Im Platonischen Philosophieren wird beides vollzogen: das Philosophieren auf das Sein hin und vom Sein her. Der Mensch ist »hier« in der Welt; er muß über die Welt hinaus »dorthin« blicken, um, indem er das Wesentliche berührt, selbst wesentlich zu werden. Dann aber folgt diesem Aufschwung des Gedankens der Wiedereintritt in diese Welt: der Abkehr von der Welt entspringt die Rückwendung an das mathematische und das mythische Begreifen des Weltalls (Staat, Timäus); die Abkehr aus dem Leben der Polis zu den ewigen Regionen verpflichtet zur Rückkehr in das staatliche Leben (Staat, Gesetze). Der Aufschwung Platos führt nicht zum Verlassen der Welt, nicht zur kommunikationslosen Ekstase, nicht zur Vergottung. Vergleicht man Plato mit Plotin, so ist zwar das Gemeinsame die Lösung aus der Weltbefangenheit. Während aber diese Lösung für Plotin sich selbst genug ist, ergreift Platos Philosophieren die Aufgabe in der Welt. Diese aber kann er nur erfüllen, weil er an jenem überhimmlischen Ort zu Hause ist, von dem Maßstäbe und Führung kommen.

B. Die Dialektik

Wir haben berichtet von den Ideen und haben Gleichnisse erzählt. Würden wir es dabei bewenden lassen, so entginge uns die eigentlich philosophische Anstrengung Platos. Bloße Behauptung genügt nicht, denn an entscheidenden Punkten ergeben sich dem Nachfragenden Schwierigkeiten. – So führt die Scheidung von Sein und Werden (chorismos, tmema) entweder zur Beziehungslosigkeit beider oder zur Frage nach der Brücke zwischen ihnen. Die Antworten führen wiederum zu unmöglichen Konsequenzen. – Gibt es Ideen von allem, was ist, so verliert die Idee den Charakter des Gutseins, weil sie Häßliches, Böses, Falsches mit einschließt. Gibt es etwas, das ohne Idee da ist, so hat dieses nach dem Grundgedanken überhaupt kein Sein. – Jede Idee soll selbständig sein, aber die Ideen beziehen sich aufeinander. Sie schränken sich ein oder sie bedürfen einander. Es ist die Frage nach der Gemeinschaft der Ideen.

Zur Lösung dieser Schwierigkeiten sollen wir philosophisch *denken.* Dieses Denken nennt Plato Dialektik. Sie ist aber nicht zuerst zur Lösung jener Schwierigkeiten da, sondern in ihren methodischen Operationen selbst wird die Sache überhaupt erst eigentlich gegenwärtig. Dialektik ist die denkende Bewegung des im Aufschwung zu höherer Erkenntnis sich verwandelnden Menschen. Dialektik nennt Plato daher die höchste Wissenschaft. Dialektik und Philosophie sind dasselbe, dort der Methode, hier dem Gehalt nach bezeichnet.

a) *Was Platonische Dialektik sei.* – Von der Dialektik wird oft kurz und einfach gesagt, was sie sei, aber auf verschiedene Weise:

Sie ist der Prüfstein, zu erkunden, wer fähig ist, unter Verzicht auf die Hilfe der Augen und jeder sonstigen Sinneswahrnehmung zum Seienden selbst im Bunde mit der Wahrheit vorzudringen (Staat).

Dialektik geht auf das Seiende, das immer sich durchaus Gleichbleibende (Philebos).

Alles andere Können und Kennen hat es nur gleichsam mit dem Einbringen der Beute zu tun, die dem Dialektiker zu übergeben ist zum Gebrauch (Euthydem).

Dialektik ist wie ein Schlußstein im Bau des Wissens; hier ist die Grenze für alles, was Wissen ist, erreicht (Staat).

Das Können der Dialektiker ist, über alles andere Können richtig Bescheid zu wissen (Philebos).

Die Dialektik ist die königliche Wissenschaft, die herrscherliche (basilike episteme) (Euthydem) – sie ist das Wissen des Wissens (episteme epistemon) (Charmides).

Im Aufstieg zum reinen Denken, im Innesein des Seins selbst, hat die Dialektik alle vorläufigen Festigkeiten – die ohne sie zu Dogmatismen würden – überwunden. Sie hat den offenen Raum gewonnen, in dem sie sich im Spiel der Gedanken bewegt und durch dieses Spiel das abgründige Geheimnis in der Frage nach dem Sein, die Frage selber aufhebend, berührt (vor allem im Parmenides).

Die Dialektik ist sowohl das Denken im Aufstieg wie das Denken im Sein selbst, also entweder Bewegung, die vorantreibt, oder Spekulation, die in kreisend verweilender Bewegung meditiert (besonders im zweiten Teil des Parmenides).

b) *Das Wesen der Dialektik an Beispielen.* – Das Wesen der Dialektik soll nun an Beispielen denkenden Operierens, die Plato sowohl vollzieht wie methodisch bewußt macht, deutlicher werden.

Erstens: Die Bewegung des Denkens entzündet sich an *Gegensätzen:*

Im sinnlich Wahrgenommenen treten, wenn man es denken will, sogleich die Widersprüche auf (so die Aporien der Bewegung). Die Widersprüche reiben sich »wie Feuerhölzer« aneinander und bringen das in der Erkenntnis Gesuchte zur Erscheinung (Staat). – »Ohne Kenntnis des Lächerlichen ist es nicht möglich, das Ernste wirklich zu verstehen, wie überhaupt bei Gegensätzen das eine Glied nicht ohne das andere sich erkennen läßt« (Gesetze). – Das Unedle ist zu kennen, wenn das Edle erkannt werden soll. Zwar ist im Handeln dem Unedlen kein Einfluß zu gewähren, aber kennenlernen muß man es, damit wir nicht aus reiner Unkenntnis uns lächerlich machen. »Denn beide, Tugend und Laster, gehören für die Erkenntnis notwendig zusammen, wie denn für das ganze Seinsgebiet Irrtum und Wahrheit gleichzeitig und verbunden miteinander in unermüdlicher Anstrengung erkannt werden müssen« (Briefe).

Gegensätze gehören zusammen in allen *sinnlichen Dingen,* überall in der Welt des Werdens, überall in der Zeit. Aber sie schließen sich aus. Denn kein Entgegengesetztes läßt es sich, solange es noch ist, was es war, gefallen, zugleich das Gegenteil zu werden. Es geht dabei unter. So entsteht das Entgegengesetzte aus dem Entgegengesetzten. So wandeln sich die sinnlichen Dinge. Aber die Gegensätze selber lassen sich nicht die Entstehung auseinander gefallen. »Niemals wird ein Begriff in sein Gegenteil umschlagen« (Phaidon).

Dann aber begreift Plato (im Parmenides) das Erstaunliche, daß *die Ideen selber* – nicht nur die sinnlichen Dinge – die Gegensätze in sich bergen.

Immer aber, ob im Sinnlichen oder in der Ideenwelt, gilt: was zunächst in Aporien endet, das wird dialektisch ein Mittel der Spekulation, um mit den Gegensätzen selber in die Tiefe zu dringen. Die Widersprüchlichkeit ist das erregende Moment. Es führt den Eristiker zur Zersetzung alles Gedachten bis zum Nihilismus. Es führt den Dialektiker als »Zugkraft zum Sein« (Staat).

Zweitens: Unterscheidung und Zusammenschau: Die bloße Aufzählung (bei der Frage nach einer Sache die Beibringung von Beispielen ins Endlose) schafft keine Erkenntnis. Die Erfassung des Wesens geschieht erst in der Zusammenschau (synopsis). Der Arzt sieht in vielen einzelnen Fällen die wiederkehrende Krankheitsform (ein eidos). Der Erkennende muß überall das Seiende als Gestalt (eidos) verstehen, indem er es aus vielen Wahrnehmungen als je Eines durch den Verstand (logismos) zusammenfaßt (Phaidros). Plato denkt noch nicht an die Abstraktion eines Allgemeinen aus vielen einzelnen Fällen, sondern an das Erblicken der Wesenseinheit. Durch diesen Blick »tritt die Verwandtschaft der einzelnen Wissensfächer miteinander sowohl wie mit der Natur des Seienden in klarem Zusammenhang hervor«. »Wer die Fähigkeit hat für den zusammenfassenden Überblick, der ist auch dialektisch beanlagt« (Staat). Aber die Wahrheit der Zusammenschau ist immer bedingt durch die Klarheit der Unterscheidungen (die synopsis durch die diairesis). Erst die Unterscheidung macht in Gegensätzen das Gedachte bestimmt. Daher Platos Entzücken an Unterscheidungen, Einteilungen, Gattung-Art-Verhältnissen, Unterteilungen, diesem Unterscheiden in allen Gestalten, das »eine Gabe der Götter an die Menschen« ist (Philebus). Erst diese Fähigkeit führt das Mannigfaltige zur Gattungseinheit (in der synagoge). Sie führt zur Bestimmung der Unterarten, indem die übergeordneten Gattungsmomente und der eigentümliche Unterschied heraustreten. Sie führt zur wechselseitigen Bestimmung und damit zur Einsicht in die Gemeinschaft (koinonia) der Ideen, unter denen die eine ein Bedeutungsmoment der anderen ist, so daß das Gefüge der Ideenwelt klar und der Denkende heimisch wird im Reich dieser ewigen Gestalten (eide).

Drittens: Die Voraussetzungen und das Voraussetzungslose: Wenn der Mathematiker am Leitfaden der sichtbaren Figuren das Unsichtbare in seiner Exaktheit durch den denkenden Verstand (dianoia) erfaßt, so geht er stets von Voraussetzungen aus (etwa dem Unterschied von gerade und ungerade, von den Weisen der Figuren, den dreierlei Arten von Winkeln usw.). Über diese Voraussetzungen nach oben kommt er nicht hinaus. Sie gelten ihm als selbstverständlich.

Anders die Dialektik. Sie erkennt das hypothetische Verfahren als solches. Sie denkt probeweise eine Voraussetzung, um zu sehen, was daraus folgt, z. B.: Wenn Tugend lehrbar ist, dann muß sie Erkenntnis sein (Menon). Dann aber denkt die Dialektik über alle Voraussetzungen hinaus zum voraussetzungslosen Anfang, ohne Bilder, allein auf Begriffe gestützt. Das Denken (logos) berührt den Anfang durch die Kraft der Dialektik, indem es die Voraussetzungen nicht als unbedingt Erstes und Oberstes ansieht, sondern als bloße Voraussetzungen, das heißt als Unterlagen, gleichsam Stufen und Aufgangsstützpunkte, damit es bis zum Voraussetzungslosen vordringend an den wirklichen Anfang (arche) des Ganzen gelange. Wenn es diesen erfaßt hat, steigt es wieder herab, an alles sich haltend, was mit ihm im Zusammenhang steht, ohne dabei irgendwie das sinnlich Wahrnehmbare, sondern nur die Begriffe (eide) selbst nach ihrem eigenen inneren Zusammenhang zu verwenden.

Das hypothetische Verfahren ist ein umwegiges Verfahren. Wollte der Mensch das Sein selbst erblicken, so müßte er fürchten, zu erblinden, wie das Auge erblindet, wenn es in die Sonne blickt. Daher ist es notwendig, zu den Begriffen (logoi) seine Zuflucht zu nehmen und an ihrer Hand das Wesen der Dinge zu erforschen. Das ist »die zweitbeste Fahrt«.

Bei diesem Verfahren lege ich einen Satz (logos) zugrunde, den ich für unumstößlich halte. Dann setze ich das, was mit ihm zusammenzustimmen scheint, als wahr, was nicht, als nicht wahr. Zum Beispiel beginne ich mit der Voraussetzung: Es gibt ein Schönes an sich, ebenso ein Großes usw. Die Folgerungen sind: Wenn etwas außer dem An-sich-Schönen schön ist, so darum, weil es an jenem Schönen teil hat. Wir lassen uns gar nicht ein auf blühende Farbe oder auf die Gestalt oder sonst etwas Derartiges – das verwirrt nur –, sondern wir halten uns »schlicht und einfach daran, daß nichts anderes es schön macht als die Gegenwart (parusia) oder Gemeinschaft (koinonia) jenes Schönen«. Wir beschränken uns auf die Behauptung, »daß alles Schöne durch das Schöne schön wird«.

Viertens: Das »Zwischen«: – Dialektik durch bloße Opposition bleibt aporetisch und dient nur als Zeiger. Dialektik durch Mittelbegriffe macht das Auseinanderfallende durch ein Band (desmos) begreiflich. Daher die Bedeutung des Zwischen (metaxy), in dem das Getrennte verbunden, das eine im andern anwesend ist oder das andere an ihm Teilhabe besitzt. Daher weiter die Bedeutung des Augenblicks (exaiphnes), des Übergangs, in dem Vergangenheit und Zukunft verbunden gegenwärtig sind. Daher weiter das Sein des Nichtseienden, das auf gewisse Weise doch Sein hat.

Sein und Nichtsein sind, statt letzter Gegensatz zu sein, in den Stufen überall, aber auf verschiedene Weise gegenwärtig: Das *höchste Gute* ist jenseits des Seins, vor Sein und Nichtsein. Die *Ideenwelt* ist in jeder Idee seiend, aber im Unterschied von der anderen Idee als Anderssein ist auch jede Idee nicht seiend, was im negativen Urteil des »ist nicht« ausgesprochen wird. Die *Welt des Werdens* ist einerseits Sein durch Teilhabe an den Ideen, andrerseits Nichtsein, sofern sie nur teil hat, nicht eigentlich ist. Die *Materie oder der Raum* ist radikal Nichtsein, aber als Möglichkeit des Werdens, des Zum-Sein-Kommens, auch ewige Möglichkeit zum Sein.

Plato zeigt die »Gigantomachie« um das Sein zwischen denen, die alles für Körper in Bewegung, die das Körpersein in Raum und Zeit und das Sein für identisch halten, und denen, die nur unkörperliche, nur denkbare Ideen für eigentlich wirklich halten. Jene lassen am Ende immer etwas übrig, dem sie keine Körperlichkeit beilegen können, so ihre Einsicht selber. Diese können eine bewegungslose Starre seiender Ideen nicht festhalten. »Wie kann man uns zumuten zu glauben, daß dem absolut Seienden wirklich weder Bewegung noch Leben zukomme, daß es also in ehrfurchtgebietender Heiligkeit bar der Vernunft, in regungsloser Ruhe verharre?«

So ist es mit dem Einen und Anderen (heteron), oder mit dem Einen und Vielen (hen und polla), auch mit dem einen Unwandelbaren und dem, was »groß und klein« ist, auch mit dem Einen und der Zweiheit (aoristos dyas), oder mit dem Begrenzten und Unbegrenzten (peras und apeiron), oder mit dem Guten und dem vielen Guten (in der Gütertafel), – immer ist das Verbindende, das Umgreifende, das, worin sie sich vereinigen, zu suchen, das Zwischen und die Zwischenglieder.

Fassen wir den Sinn der Dialektik zusammen:

Das *Widersprechende* wird Stachel der Bewegung, das Medium der *Gegensätzlichkeiten* wird entwickelt, aber in beiden die »Zugkraft zum Sein« erfahren. – Das *Unterscheiden und Verbinden* (diairesis und synopsis) ordnet die gemeinten Sachen, so daß jeder Sinn seine Schärfe durch den Ort in der Begriffspyramide oder in dem Begriffsstammbaum (in fortgesetzter dichotomischer Teilung) erhält; aber damit ist ein Werkzeug des Denkens zum Sein selbst hin gemeint. – Das *Denken aus Voraussetzungen* (hypothesis) und die Frage nach den Voraussetzungen eines Satzes will die Zusammenhänge der Konsequenzen entfalten, aber um damit den Aufstieg zu gewinnen über alle Voraussetzungen hinaus in das schlechthin Voraussetzungslose. – Das Denken des Entgegengesetzten sucht das *»Zwischen«*, um durch dieses in der

Helligkeit der Gliederungen vorzudringen in den Grund, woraus sie kommen, oder in das Umgreifende, das sie in sich birgt.

Von solcher Dialektik ist zu sagen: *Erstens:* Bei ihr liegt das eigentlich Gesuchte nicht in den herausgearbeiteten allgemeingültigen Sachverhalten selber; denn diese sind sich nicht genug, sondern Mittel des Aufstiegs. *Zweitens:* Sie ist nach Plato von größerer Sicherheit und Deutlichkeit (Exaktheit) als sogar die Mathematik (denn in dieser kommen ihre eigenen Voraussetzungen nicht zu vernünftiger Einsicht). *Drittens:* Für solche Dialektik gelten alle Künste, Fertigkeiten, Wissenschaften nur als Vorspiele. Die Unsinnlichkeit rein begrifflicher Bezüge gilt zugleich als Reinigung der Seele zum Weg in das Übersinnliche. Für den denkenden Menschen ist der Sinn dieses Tuns seine Umkehr. In dieser Umkehr aber ist das Ziel nicht der Mensch, sondern für den Menschen das Sein selbst, das Eine, Unveränderliche, das er denkend berühren, wenn auch nicht ergreifen kann.

Die Platonische Dialektik war der Gegenschlag gegen die zersetzende Dialektik. Daher Platos Festhalten an der unerläßlichen Voraussetzung wahrer Dialektik: an den bestimmten Begriffen, durch die wir im Sprechen mit Worten stets dasselbe meinen können. Denn unser identisches Meinen ist Bedingung des zwingenden Fortgangs der Konsequenzen und des Herrwerdens über die unbegrenzte Mannigfaltigkeit. Mit solchen Begriffen in die Dialektik der spekulativen Stufe zu gelangen und nicht in die eristische Dialektik der Zersetzung (mit der die Begriffe in beliebige, statt in methodisch beherrschte dialektische Bewegung geraten), das ist der Weg des Denkens der Wahrheit.

c) *Einwände gegen Platos Dialektik. – Erstens:* Es sind lauter *analytische Urteile,* die gelegentlich in naiver Direktheit auftreten, so: »Das Schöne ist nur durch das Schöne schön.« Mit solchem Denken wird nichts erkannt. Es gipfelt in Tautologien. Die Richtigkeit solcher Urteile wird um den Preis der Leerheit gewonnen.

Zweitens: Denkinhalt und Sein werden fraglos *identifiziert.* Zum Beispiel: »Das Nichtsein ist nicht«, also ist es auf gewisse Weise, denn es wurde ja durch das »ist« gedacht. Was notwendig gedacht werden muß, das hat, weil es richtig gedacht ist, darum schon die Realität seines Gegenstandes erwiesen.

Drittens: Indem Plato mit diesem Begriffsrealismus das wirkliche Sein denkt, *schiebt er zwischen Denken und Sein* ein *selbständiges Reich* der Ideenwelt. Dadurch *verschleiert* er sowohl die reale Erkenntnis der Dinge wie die metaphysische Seinseinsicht. Denn jene gründet sich auf Erfahrung, diese auf unmittelbares Innesein. Der Begriffsrealismus versäumt beide, weil er uns in einer leerlaufenden Begrifflichkeit die Seinssubstanz verlieren läßt.

Es ist merkwürdig: Diese Einwände sind richtig, aber erreichen nicht Platos eigentliches Denken. Sie sind richtig in bezug auf herausgegriffene Sätze und Entwicklungen, wenn man sie versteht als Lehrstücke eines objektiven Wissens. Aber sie erreichen Plato nicht, weil sie Platos Raum nicht betreten, daher den Sinn jener Gedanken nicht im Ganzen des Philosophierens vollziehen. Sehen wir näher zu:

Zum ersten Einwand: Wie Erkennen von Realitäten an Erfahrung gebunden ist, so ist Denken in bloßen Begriffen zwingend zwar unter je bestimmten Voraussetzungen, die logisch definierbar sind, ist aber gebunden an den Inhalt der Voraussetzungen, aus denen es herausholt, was in ihnen liegt, daher in Tautologien endet.

Die Logik bis zur modernen Logistik behandelt dies Feld durch Formalisierungen. Zum Beispiel wird die Vieldeutigkeit der Copula »ist« und der ihr entsprechenden Beziehungen zwischen Subjekt und Prädikat geklärt durch eine Zeichensprache, die die Vielheit des Beziehungssinns durch definierte Zeichen je eindeutig fixiert. Die Vieldeutigkeit der Wortsprachen hört auf.

Das alles aber beginnt schon bei Plato. Er ist sich der Vieldeutigkeit der Copula »ist« durchaus bewußt. »Das Gewordene ist geworden, und das Werdende ist werdend, und das Künftige ist künftig, und das Nichtseiende ist nicht seiend, – das alles sind ungenaue Bezeichnungen.« Plato gibt die Ausarbeitung logischer Formen des zwingenden Zusammenhangs von Deduktionen, das Herausstellen der jeweiligen Voraussetzungen, die Gliederung einer Begriffsmenge durch fortlaufende Zweiteilung von der allgemeinsten Gattung bis zum unteilbaren Einzelnen. Er stellt die Frage nach dem zwingend Richtigen überhaupt. Die Logik bis zur Logistik empfingen von ihm bis heute Weisungen. Das Ziel ist die Konstruktion zwingender Sachverhalte in Bedeutungen und Beziehungen ihrer Form nach.

Bei Plato aber ist dieses logische Bemühen im Dienst eines Anderen, ist selber schon dieses Andere. Die Frage ist: Hat Denken Sinn, das kein Erkennen ist? Kann solches Denken sinnerfüllt sein im Unterschied von logistischen Formulierungen? Ist darin ein Anderes verstehbar, was in den logistischen Operationen verschwindet?

Wenn wir uns klar werden über den Sinn von Sprache und Bedeutung, über die Gebundenheit unseres erfüllten Denkens an diese

Sprache, über die Vergeblichkeit oder vielmehr die begrenzte Möglichkeit der Übersetzung der Wortbedeutungen in Zeichensprache, dann kommen wir zur Einsicht: In den bei Plato zuerst methodisch auftretenden Logisierungen sind diese als ein Medium einer sie durchseelenden Intention gemeint, die verloren gehen kann bei Entfaltung des Mediums als solches in seiner Endlosigkeit logistischer Bestimmungen.

Ist der Zauber der Begriffsphilosophie durch Jahrtausende und ihre Nichtigkeit zugleich zu verstehen? Wird in ihrer »Leere« etwas erweckt, das, wenn die Leere unangemessen gedacht wird, stumm bleibt? Ist in Tautologien durch den Ort, an dem sie im Gedankenzusammenhang auftreten, durch den Augenblick, für den sie sprechen, etwas Unersetzliches zur Gegenwärtigkeit zu bringen? – aber so, daß der Satz ebensogut als wunderliche Nichtigkeit wie als ergreifender Anspruch erscheinen kann, wie Max Webers Wort vor seinem Tod: »Das Wahre ist die Wahrheit«?

Tautologie ist Stranden auf der Trockenheit logischer Leere. Das Denken kann scheitern in Zirkeln und Widersprüchen. Platos Philosophieren erregt die Hörfähigkeit für etwas, das, sei es in logischer Leere (Tautologie), sei es im logisch Verworfenen (Zirkel und Widerspruch) Sprache findet.

Dialektik ist die Logik mitteilbarer Denkbewegung. Diese Denkbewegung hält nicht fest am jeweiligen Denkinhalt. Sie ist als Bewegung selber der Inhalt. Sie ist das Denken im Unmitteilbaren, das in der philosophisch mitteilbaren Bewegung zur Erscheinung kommt.

Zum zweiten Einwand: Der Einwand lautet: Denken hat gegenständliche Bedeutung nur dann, wenn es durch Erfahrung auf Realität bezogen ist. Denken ist nicht Sein, sondern kann sich nur durch Umwege auf Sein beziehen. Denken, das als solches schon zu erkennen meint, ist trügerisch. So fragt Kant etwa, »ob ich durch einen Begriff eines Unbedingtnotwendigen noch etwas oder vielleicht garnichts denke«. Denken, das objektive Bedeutung hat, bedarf der Erfüllung durch Anschauung.

Bei Plato gibt es die Frage nach dem Verhältnis des Denkens zum Sein, des Erkennens zum Erkannten. Erkennen, sagt er, findet durch das Vermögen in uns statt, das dem wahrhaft Seienden verwandt ist. Plato hat die nur beiläufig berührte Frage in schöpferischer Naivität beiseite gedrängt durch die Tat des Denkens, zu sehen, was durch sie geschieht, und was sie bedeutet in der Bewährung. Aber in der Folge, entscheidend erst in der Neuzeit, wurde die Frage in die Mitte gerückt: Wie ist Erkennen möglich? Wie verhält sich das Subjekt zum Objekt? Wie beziehen sie sich aufeinander in der Spaltung? Was ist das sie Umgreifende? Wie können beide dasselbe sein oder, wenn nicht, wie kann das Subjekt überhaupt vom Objekt wissen? Was bedeutet Objektsein? Ist die Spaltung zu überwinden und wodurch? Diese sogenannten erkenntnistheoretischen Fragen nach Sinn, Weisen, Grenzen unseres Erkennens haben viele Antworten gefunden. Von einer Lösung kann keine Rede sein. Plato ist noch immer für jeden Erkenntnistheoretiker erleuchtend, mag er ihm folgen oder ihn bekämpfen.

Gegen den antiplatonischen Einwand ist die Frage: Wenn auch Erkenntnis der Dinge in der Welt auf Erfahrung und Anschauung angewiesen ist, könnte nicht doch ein Denken, ohne gegenständliche Bedeutung für Erkenntnis von Dingen in der Welt, Sinn und Gehalt haben? Liegt in der naiven Identifizierung von Denken und Sein eine hohe Wahrheit, die in jeder Erkentnistheorie, wenn auch verborgen, wiederkehrt?

Zum dritten Einwand: Der Einwand der Verschleierung durch Zwischenschiebung einer Begriffswelt zwischen uns und das Sein selbst setzt voraus, daß es eine bessere Einsicht ohne Mittel (Medium) oder eine Sprache ohne Gegenständlichkeit für uns gebe.

Wenn dieses Mittel etwa als Mathematik durch die Erfahrung der Meßbarkeiten auf die Realität stößt, so entsteht Physik, die Naturwissenschaft modernen Sinnes. Wenn dieses Mittel sich des Seins im Grunde durch existentielle Vollzüge, deren Erinnerung oder Vorbereitung, vergewissern soll, so entsteht Metaphysik.

Beide Male ist nicht Verschleierung, sondern der wirkliche Zugang gewonnen, wenigstens für Wesen unserer Art. Der unmittelbare Zugang ist die alles gegenständliche Erkennen überschreitende Erfahrung, die doch erst mitteilbar wird, wenn sie in jene Medien eintritt. Diese Medien verschleiern nicht, sondern machen in der Helligkeit denkenden Bewußtseins das offenbar, wovon wir nicht wissen, was es ohne solches Offenbarwerden eigentlich ist.

Plato hat zum erstenmal in großem Stil, nämlich mit der souveränen Beherrschung der Mittel und Möglichkeiten, die Seinsspekulation entfaltet. Er hat die Grundlagen aller späteren Metaphysik gelegt. Die geschichtliche Entwicklung hat nach ihm sich vielfach in Verfestigungen der Denkgestalten des Vordergrundes der Gedanken verlaufen. Dies geschah, weil eine eigene Erkenntnis (Ontologie und Theologie genannt) hier erwartet und dann in systematischen Doktrinen als Ergebnis der philosophischen Erforschung gelehrt wurde. Auch solche haben trotzdem nicht selten etwas bewahrt von dem Platonischen Transzendieren, dieser Musik in Denkformen zur Berührung des Seins.

Ist man sich dessen bewußt, so wird man keinen bestimmten Platonischen Gedanken als absoluten nehmen. Die bestimmten Gedankengänge sind Arbeiten am Werkzeug zur Mitteilung der Selbstvergewisserung des Seinsinnewerdens, – nicht aber selbstgenügsame gegenständliche Erkenntnis. In der Verwandlung dieser Werkzeuge zu Lehrstücken entsteht der Dogmatismus eines Scheinwissens, in dem die Kraft zum Aufschwung verloren geht. Plato selbst verleugnet nie die oft von ihm ausgesprochenen Grenzen des Wissens und Erkennenkönnens des Menschen, wie er nie die hohe Möglichkeit des Aufschwungs verleugnet. Sein Denken steht weniger zu der wissenschaftlichen Erforschung einer Sache in Analogie als in Analogie zu Meditationsübungen. Es reinigt die Seele durch Rationalität, es läßt in seinen Vollzügen das Sein selbst spüren. Es bleibt in Bewegung. Jede Antwort wird wieder zur Frage. Der Sinn dieser Wege ist die Vergewisserung dessen, dem ich vertraue, indem ich es suche, in dem ich schon bin, wenn ich auf dem Wege zu ihm bin.

Platos Philosophie wird keine Lehre, aber es handelt sich in ihr immer um dasselbe. Dieses Selbe entzieht sich der endgültigen, es einfangenden Aussage, aber es zeigt sich auf den erfinderisch beschrittenen Denkwegen auf eine je eigentümliche Weise. –

Die drei erörterten Einwände greifen an, was Plato selber wenigstens in Ansätzen weiß, und mit Denkmitteln, die Plato selber besitzt. Was Plato in seinem Scharfsinn entfaltet, ist ergiebig geworden in drei besonderen Denkrichtungen: als Logik (bis zur heutigen mathematischen Logik oder Logistik), als Erkenntnistheorie, als Seinsspekulation (Ontologie).

Bei Plato aber sind sie ein Ganzes, und das Platonische ist ihre untrennbare Zusammengehörigkeit zur Einheit. Sie sind ein Ganzes, dessen Trennung (in Logik, Erkenntnistheorie, Ontologie) zwar unumgänglich ist, aber nur im Übergang zur ursprünglichen platonischen Verbundenheit. Denn daß sie bei Plato verbunden sind, bedeutet nicht Unklarheit, sondern die Aufgabe, das nicht zu vergessen, was über jene drei Gebiete übergreifend, sie alle in sich schließend, das Entscheidende bleibt. Denn jeder der drei Ströme für sich versandet, weil er seinen eigenen Sinn nicht begreift. Jeder von ihnen trägt unsere philosophische Besinnung erst, wenn er wieder aus Platonischem Grunde fließt. Das Getrennte gehört zusammen in unserem Wahrheitsbewußtsein, das zugleich Seinsbewußtsein ist. Die Zerlegung macht scheinbar klarer. Rational entschiedener kommen die einzelnen Momente heraus, aber wenn jener Sinnbezug zum Grunde, der zugleich das Ziel ist, verlorengeht, so bleiben in der Logistik: das Bestehen von Begriffen, das nichts weiter ist als Widerspruchslosigkeit, und die Vergleichgültigung zu formalen Sachverhalten, – in der Erkenntnistheorie: endlos variierte Scheineinsichten in die Beziehung von Subjekt und Objekt, die nun beide als Objekte behandelt werden, – in der Seinsspekulation: die sei es langweilige, sei es bezaubernde Ontologie als ein Wissen vom Sein selbst, das ich nun kenne. Jedesmal wird Philosophie in gegenständliche Erkenntnis und Lehre verwandelt.

Die drei Einwände treffen mit den drei historischen Entwicklungen zusammen. Sie fordern gegen Plato ihre Trennung, oder sie greifen die eine durch die andere an. Sie bleiben alle in den Angreifbarkeiten, die sie aussprechen, mit Ausnahme der Logistik, die triumphiert als zwingend richtiges, aber völlig gleichgültiges und leeres Wissen.

Alle Einwände beruhen auf Voraussetzungen über Sinn und Möglichkeiten des Erkennens. Sie beschränken dieses auf das Verstandesdenken, geraten dabei in neue Verwirrungen, weil sie es selber nicht rein vollziehen. Hätte Plato diese ihre Voraussetzung, so hätte er die vorgeworfenen »Fehler« nicht begangen. Dann brauchte er auch nicht Plato zu sein; ein beliebiger Verstand würde dasselbe leisten. Und es würde keine Philosophie geben.

d) *Die Spannung im Sinne der Dialektik und im Platonischen Philosophieren überhaupt.* – Wenn das Gute und die Ideen nicht geradezu gelehrt werden können, so können sie doch im Denken der Dialektik einer reinen Seele gegenwärtig werden. Die Erleuchtung erfolgt im Denken selber, in einem anderen als dem geläufigen Verstandesdenken. Sie erfolgt im Überschreiten alles dessen, was im Gedanken zu klarer Bestimmtheit gefaßt wird. Jeder schon überschreitende Gedanke wird noch einmal überschritten, bis er im Scheitern bloßen Denkens, aber nur durch dieses Denken selber, sich erfüllt.

All dieses Denken will zu dem Punkt führen, wo plötzlich, im Augenblick, unerzwingbar und unbegreiflich, das Gute selbst, das eigentliche Sein für die Einsicht da ist. Aber wird die Erleuchtung plötzlich, »im Augenblick«, wirklich erreicht? oder bleibt sie selbst dort, bleibt sie immer in unserem Dasein nur Abglanz?

Daß das Gesuchte nicht Lehre werden kann und doch im Denken der philosophierenden Existenz erreicht werden soll, erregt den Leser Platonischer Dialoge zur höchsten Anspannung. Es ist in der Mitteilung des von Plato Gedachten eine unüberwindbare Schwierigkeit: als ob ein Versprechen getan würde und das Wort der Erfüllung ausbliebe. Dem entspricht Platos Erklärung, daß seine eigentliche Philosophie weder schriftlich noch mündlich mitgeteilt sei, sondern sich nur im Augenblick des erleuchtenden Funkens zwischen Zweien zur Gegenwart bringe.

Und doch ist davon die Rede. Das »Jenseits des Seins«, das »Gute«, die Idee aller Ideen, das Sein selbst – es sind Worte. Wenn wir wissen möchten, was es ist, werden wir entweder hingewiesen auf Erfahrungen, die mystisch heißen, eine Einigung mit dem Sein selbst, oder wir hören von Gedanken einer Spekulation, die mit Begriffen formal transzendiert in den Grund aller Gründe, oder es wird uns eine Bilderfülle gezeigt, Mythen und Gestaltungen, die in Chiffern mitteilen, was ist. Die Dialektik gibt all diesem die Struktur, indem sie es für das Denken zugleich aufleuchten und verschwinden läßt.

Der Abstand zwischen diesen Denkweisen von dem, was sinnlich oder rational faßlich und für jeden Verstand gleicherweise gültig ist, ist offenbar. Sie scheinen im ersten Fall (der mystischen unio) von etwas zu reden, das erfahren wurde in Gegenstandslosigkeit und sich daher jeder Mitteilung entzieht, im zweiten Fall Bewegungen abstrakter Begrifflichkeit zu vollziehen, die leer sind, im dritten Fall Bilder zu zeigen, die bloße Imaginationen bleiben. Und gerade all dieses, das in Augenblicken des Verständnisses (denn es ist nicht als Besitz festzuhalten, der bereitliegt, wenn man gerade will) durch dieses Verständnis die Fülle wird, ist die umgreifende Seinsmacht, die Wirklichkeit selber. Es ist bei Plato das ergreifend Sprechende, das alle Sprache überflutet. Was nichts zu sein scheint und auf der Ebene des Verstandes verschwindet, wird alles, aber nur in der Helle des Denkens.

Die Platonischen Dialoge erheben den höchsten Anspruch an uns. Denn es handelt sich um das, was alles trägt und erleuchtet. Es kann zwar zur Verführung des Schwärmens werden, die es als ein Gewußtes in die Rede fangen möchte, und es kann andererseits als die Leerheit scheinen, daß man am Ende nichts in der Hand hat. Aber diese Leerheit ist eine Folge unseres Abgleitens zum bloß rationalen und sinnlichen Leben, wenn wir das Sein verlassen zugunsten der bloßen transparenzlosen Realität unseres Daseins. Gelingt aber die Umkehr aus dieser Leerheit des Realismus in die Fülle, die aus dem Sein strahlt, dann erhellt es alles Gegenwärtige, läßt nichts fallen, sondern bringt es zu sich selbst. Und diese Umkehr ist gebunden an den Aufschwung in jenen Ort, der kein Ort ist, sich entzieht, als ob er nichts wäre, und wirkt, weil er alles ist.

C. Der Eros

Plato zeigte drei untrennbare Züge des Philosophierens: das Denken als Weg über das Wissen des Nichtwissens zum führenden Wissen, – die Mitteilbarkeit als Bedingung der Wahrheit, welche verläßlich und verbindend für uns wird, – die Dialektik der Souveränität eines Denkens, das alle Festigkeiten ebenso hervorzubringen wie einzuschmelzen vermag, in keinem Vorläufigen sich beruhigt, auf das Eine, Beständige, Ewige gerichtet ist.

In solchem Philosophieren wird die Freiheit zugleich mit der Freiheit des Andern im Aufschwung gewonnen. Diese Freiheit ist gehalten und erfüllt von der Liebe. Philosophisches Wissen ist liebendes Wissen, und Lieben ist Erkennen. Lehrbarkeit des Wissens geschieht in liebender Kommunikation. Plato ist der erste Philosoph der Liebe, dem die früheren objektivierenden Mythen vom Eros als kosmogonischem Eros zu bloßen Chiffern zurücktreten, wenn er zum Ursprung gelangt in der Wirklichkeit des Eros selber, das heißt in der Verwirklichung des philosophischen Menschen. Sogar das Wort Philosophie bedeutet Bewegung der Liebe, als philein zur sophia. Philosophie ist Liebe zur Weisheit, nicht Weisheit.

Platos Denken hat seinen Ursprung in der Liebe zu Sokrates. Keine Liebe hat je ein solches Denkmal gesetzt. Platos Eros ist wirklich gewesen und, von dorther erleuchtet, wurde er der Eros zu allem Edlen, das ihm begegnete.

Was aber Liebe sei, das wird von Plato in seiner Unergründlichkeit umkreist (vor allem im Gastmahl und im Phaidros), ohne anders als im Mythus getroffen zu werden. Er läßt die Liebe in vielen Gestalten und Möglichkeiten erscheinen, die doch gerichtet bleiben auf das Eine, auf die eigentliche, die unbedingte, zu reinem Aufschwung tragende Liebe.

Den Platonischen Erörterungen der Liebe dient die Geschlechtlichkeit als Ursprung, als Gleichnis, als Feind. Der Zauber des Lebensjubels ist Ursprung, weil das Erblicken der Schönheit die Rückerinnerung an das Ewige veranlaßt und der Aufstieg vom sinnlich Schönen beginnt, – ist aber Verführung, wenn die Geschlechtlichkeit sich genügt, sich isoliert, dadurch selber verdorben und erniedrigt wird. Fehlt der sinnliche Ursprung, dann bleibt der Eros aus im leeren Denken. Wird der sinnliche Eros sich selbst genug, so lähmt er den philosophischen Eros und wird blind für ihn. Platos Philosophieren kennt die gewaltige Macht der Geschlechtlichkeit. Es ist mit ihr im Bunde und im Kampfe. Philosophieren ist im Bunde mit ihr, wenn es aus Anlaß der Geschlechtlichkeit in ihr jenen Ursprung erreicht, aus dem auch die Geschlechtlichkeit stammt, – ist im Kampfe, wenn die sich verselbständigende Geschlechtlichkeit den Adel des Menschen erniedrigt und damit den Blick in die Wahrheit des Seins trübt. Die Seele ist nach dem Mythos (im Phaidros) ein Gefährt der Vernunft mit zwei Rossen, das eine gebändigt und scheu und gehorsam, kraftvoll zum Aufschwung, das andere widerspenstig, nur in die sinnlichen Begierden drängend, zügellos, niederdrückend. Die Vernunft muß mit beiden Rossen dorthin gelangen, wo alles Wissen sein Ziel und von woher es seine Führung hat, zum übersinnlichen Ort.

Philosophisches Denken ist der sich aufschwingende erotische Enthusiasmus. Aber wir machen mit ihm die Erfahrung unseres Schwankens im Auf und Ab. Wir fallen, wir bleiben uns aus, wir leben von neuem im Schwung der Liebe. Denn die Liebe ist wie die Philosophie: ein Zwischensein. Sie ist Haben und Nichthaben. Sie ist das Erfüllende im Nichterreichthaben. Der Eros ist im Mythos (im Gastmahl) der Sohn von Reichtum und Armut (porus und penia), »an demselben Tage ist er bald obenauf, solange ihm die Mittel zufließen, bald sinkt er wie tot dahin, lebt aber immer wieder auf vermöge der Natur seines Vaters, doch, was er gewonnen, zerrinnt ihm wieder...« Der Eros der Philosophie gehört zur Zeitlichkeit unseres Daseins und hat außer ihm keinen Ort. Götter philosophieren nicht und sie lieben nicht, denn sie wissen.

Der Eros kommt im Platonischen Denken zur Geltung einmal als Realität in der Vielfachheit seiner Erscheinungen, – dann als Gleichnis für den Aufschwung zum Ewigen, – dann als wirkliches Medium dieses Aufschwungs, – dann als Erhellung des Weges, – dann im Unterscheiden des wahren Eros von den Abgleitungen. Davon zu reden, soll erinnern und erwecken. Unter der Schärfe der rationalen Erörterungen wird durch Plato ein Spiegel hell: die Liebe, in der der Erkennende sich wiedererkennt oder nicht wiedererkennt. In ihn zu blicken, kann den Enthusiasmus bewirken, aus dem es erst sinnvoll ist, zu verstehen, zu erkennen, zu leben. Der Spiegel der Weisen der Liebe gibt es viele auf dem Wege. Ständig ist die Verwechslung möglich. Noch nah am Gipfel kann wieder alles verkehrt werden.

4. Besondere Gebiete Platonischen Denkens

Das Platonische Denken ist ständig erfüllt von sehr bestimmten Gedanken und greifbaren Anschauungen. Die Größe Platos liegt nicht weniger in dem Reichtum gedanklicher Entwürfe, dem Entdecken seitdem bestehender Probleme, der Erfindungskraft möglicher Lösungen als in den Grundantrieben des eigentlichen Philosophierens.

Die Darstellung Platonischer Gedanken gehört in den Sachzusammenhang, der für jede dieser Gedankengruppen ein besonderer ist. Solche Darstellung aber dürfte nicht vergessen, daß sie als solche schon vom Platonischen Sinn sich löst. Das als besondere Sache Reproduzierte wird zu einem Lehrstück. Das Zusammenbringen des sachlich Zusammengehörenden aus verschiedenen Dialogen erweckt den Schein eines Lehrsystems. Man übersieht, daß alle diese Gedanken als sachliche Mitteilung bestimmter gegenständlicher Inhalte sich selbst nie genug sind, sondern Funktionen des Weges des Eros, der den Aufschwung zu jenem Höchsten jenseits allen Seins im denkenden Leben findet. Es kommt auf jene Verewigung an, die das Heil der Seele heißt.

Wir werden nicht mehr dem Irrtum verfallen, irgendein systematisches Denkgebilde sei die Lehre Platos, als ob Plato nicht Herr seiner Gedanken sei. Wir werden die Erörterung Platonischer Sachprobleme philosophisch nicht überschätzen, als ob wir damit etwas Wesentliches für Platos Philosophie täten. Aber wir werden umgekehrt nicht leugnen, wie ergiebig diese Sachprobleme sein können, und nicht dem Fehler der Schwärmer verfallen. Die unerhört reichen Erfindungen Platos sind bewunderungswürdig. Hier gibt es die Anregungen zu sachlicher Untersuchung und zu zwingenden Korrekturen. Hier ist das wachsende Verständnis möglich nach dem Maße des eigenen Sachverstands. Logische Probleme zum Beispiel und Probleme der methodischen Begründung der Mathematik werden bei Plato noch heute studiert. Wir werfen nur einen kurzen Blick auf das, was Platonische *Theologie, Seelenlehre, Staatslehre, Kosmologie* heißt.

a) *Theologie:* Plato spricht von Gott. Was im »Staat« als das Gute der Sonne verglichen, die die lebenspendende Idee jenseits des Seins ist, was im »Parmenides« in der Dialektik des Einen berührt wird, was im »Timäus« der

Demiurg ist, der im Hinblick auf die Ideen die Welt hervorbringt aus dem Nichts des Raumes oder der Materie, das, so mag man sagen, bezieht sich auf dasselbe. Kombiniert man aber daraus eine Gotteslehre Platos, so geht der Gedanke verloren. Denn dieser gelangt jedesmal auf andere Weise an die Grenze, in gleichnishafter Anschauung, im denkenden Aufstieg der Dialektik der Begriffe, im Mythus der Weltschöpfung. Der Gedanke ist sinnvoll nur jeweils im Zusammenhang mit den Bedingungen, unter denen er gedacht wird. Werden die Grenzberührungen in den gemeinsamen Zusammenhang eines objektiven Erkenntnisbestandes von Gott gebracht, so ist ihr Gehalt, der im Denken als innerem Handeln lag, in einem vermeintlichen Wissen von etwas verschwunden. Dann ist aus Platonisch bewegter Theologie eine Lehrtheologie geworden. So ist es historisch in der Tat geschehen. Das Wort Theologie kommt bei Plato vor. Die Sache hat er geschaffen als der Begründer der Theologie des Abendlandes. Durch Aristoteles wurde das Wort zum Terminus. Diese Schöpfung der Philosophie wurde von den christlichen Kirchen und dem Islam angeeignet. Aber in den so verwirklichten Gestalten einer abschließenden Systematik in Dogmen blieb der Platonische Sinn oft kaum noch erkennbar.

b) *Seelenlehre:* Vor Plato war die Seele Name für ein Wesen innerhalb des Kosmos, oder für die Lebenskraft, war sie unsterblich als ein Schatten oder in Wiedergeburten oder in den Strafen der Hölle. Plato denkt die Seele darüber hinaus und vor diesen Mythen als das, was der Mensch als er selbst ist, sein vernünftiges Wesen. Er denkt sie in Strukturen von Dreiteilung (vernünftige, mutvolle, begehrliche Seele, analog den drei Momenten des Staatslebens: den herrschenden Philosophen, den Kriegermächten, der ernährenden arbeitenden Masse), oder in der Zweiteilung eines Lenkers mit zwei verschiedenen Rossen. Er bringt »Beweise« für ihre Unsterblichkeit aus ihrer Teilhabe an der Idee des Lebens, oder aus ihrem Wesen als Selbstbewegung. Er erzählt Mythen von den Schicksalen der Seele im Jenseits. Wieder darf man solche im Gang des Philosophierens vorkommenden Gedanken und Bilder nicht zu einer Seelenlehre (Psychologie) kombinieren, zu der sie reichen Stoff zu liefern scheinen. So aber ist es im Aneignen bloßer Lehrstücke durch die Späteren geschehen.

c) *Staatslehre:* Der Entwurf des besten Staates und der Entwurf der Gesetze für einen zweitbesten Staat sind ein Inhalt der zwei umfangreichsten Dialoge aus der Reifezeit und aus der Spätzeit. Sie zeigen, wie der philosophische Gedanke mit dem theologischen und politischen ineins gedacht wird. Diese Dialoge spannen den Gedanken zwischen Gott und den besonderen Realitäten des Staatslebens, sind ebenso reich an Erfahrungen, wie getragen von einer großen politischen Phantasie.

Aus dem einen höchsten Ziel, dem Heil des einzelnen Menschen, wird die Vollendung des Menschseins in der wahren Polis. Die Philosophie wird zur Erziehung der Regenten. Durch sie wird sie der Grund der Ordnung des Ganzen, in dem jeder an seinem Platz das Seine tut, während nur die Regenten (die Philosophen) den Sinn des Ganzen wissen. Die Erkenntnis des wahren Staats und der wahren Gesetze zeigt das Ziel durch den Blick auf das Urbild in der ewigen Welt der Ideen. Der Entwurf ist ein Abbild der Idee, nicht Programm zur organisatorischen Errichtung eines rechten Staatswesens. Diese könnte nur durch die schon zur Wahrheit hin erzogenen Philosophen erfolgen. Sie würden durch ihr vom Ewigen genährtes Ethos die Ordnungen erwachsen lassen, die in spielender Phantasie in den Dialogen durchdacht und vorweggenommen werden. Eine Verwirklichung müßte nicht mit der Einrichtung eines Staatswesens nach den fälschlich als Programm aufgefaßten Entwürfen, sondern mit der Erziehung der Herrscher durch Philosophie beginnen. Daher begann Plato in Syrakus den Staatsaufbau mit der Erziehung des Tyrannen Dionys zunächst durch Unterricht in Mathematik.

Die »Gesetze« endigen mit dem Gottesgedanken, erdenken eine Religionsstiftung (Kultstiftung) als koinzidierend mit der Staatsgründung. Die Religion ist eines mit der Philosophie, nämlich in der Gestalt, in der diese allen Menschen zugänglich ist durch die Bindungen, denen sie sich gläubig fügen, während sie in Gestalt der dialektischen Philosophie den allein zu solchem Wissen befähigten Regenten vorbehalten bleibt.

Solches Denken meint nicht das Programm zur Ausführung durch einen mächtigen Despoten, sondern den Leitfaden der Vergegenwärtigung des ethisch-politisch-theologischen Sinns der menschlichen Gemeinschaft. Ihm folgt, wer dem Ernst dieses Sinns in seiner faktischen Gemeinschaft sich hingibt, wer die Maßstäbe erfährt, die ihm das gegenwärtige Reale in seinem Wesen und Unwesen erleuchten.

d) *Kosmologie:* Was Plato am wenigsten zu interessieren schien, das Weltall und die Natur, die Realitäten der »Physiologie«, das hat er im Alter zum Gegenstand eingehender Analyse gemacht (Timäus). Ein Weltentwurf als Schöpfung durch den Demiurgen wird bis ins Detail durchgeführt. Das alles bringt Plato ausdrücklich als bloße Erzählung, wie es plausiblerweise wohl sein könnte, nicht als Erkenntnis.

Im ganzen dieser Weltauffassung sind zwei zusammengehörende Momente entscheidend: Die Welt ist nicht ewig, sondern vom Demiurgen geschaffen. Sie ist nicht auf Grund blind wirkender Ursachen hervorgegangen, sondern durch eine mit Vernunft und Wissen ausgestattete Ursache hervorgebracht. Der Gang der Dinge in der Natur unterliegt zwar auch einer blinden Kausalität, welche Notwendigkeit (Ananke) heißt (entsprungen dem Nichtsein des Raums oder der Materie), aber diese ist nur Mitursache, nicht alleinige Ursache. Sie ist untergeordnet dem vom Demiurgen ausgehenden zweckhaften Planen einer göttlichen Vernunft (oder: Die Kausalität ist der Teleologie unterworfen). Eine Atomistik nach Art des Demokrit (aber im Unterschied von diesem in mathematischen Figuren gedacht) verbindet sich mit dem Postulat eines allumgreifenden Gedankens zur Deutung der natürlichen körperlichen Realitäten. Daher ist eine geschaffene Weltseele die treibende Kraft des Kosmos, der erbaut ist aus kleinsten Teilen in den Formen der fünf regulären Körper.

Überschaut man, worauf wir im Platonischen Denken in bezug auf Theologie, Seele, Staat, Weltall hier nur hinwiesen und was bei ihm entfaltet ist in ungemein konkreten und differenzierten, in ebenso einfachen wie reichen, immer wieder überraschenden und erleuchtenden

Gedanken, so muß man staunen. Es ist wohl einzig in der Geschichte, daß ein Mann solche Fülle schöpferischer Einfälle mit unabsehbarer historischer Zeugungskraft gehabt und mit solcher Energie schlicht durchgeführt hat, und daß er dies alles aufnahm in einen übergreifenden, nie vollendeten Sinn, der ihm die Freiheit bewahrte, an keine seiner Schöpfungen, die sachliche Entdeckungen waren, zu verfallen.

III. Charakteristik und Kritik

1. Über Plato im ganzen

Der gleichbleibende Hintergrund, aus dem alles Bestimmte und Sichwandelnde sein Licht und auch seinen Schatten empfängt, ist nur zu umkreisen.

a) *Das Gleichbleibende.* – Durch die fünfzig Jahre, in denen Plato geschrieben hat, erfolgte die gewaltige Vermehrung der sachlichen Kenntnisse und Entdeckungen, die große Bewegung mathematischer und astronomischer Forschung (Erich Frank). Mit den politischen Umstürzen traten neue Interessen auf. Plato hörte auf alles und griff mit seinen Gedanken ein. In seinem Werk beobachtet man die Veränderungen der Dialogform. Aber gegen die Meinung, es seien bei Plato in der Tiefe ganz neue Ansätze erfolgt, steht der Gesamteindruck eines immer Gleichen.

Andeutungen in frühen Schriften werden später Thema. Übermut und Ironie sind noch in den spätesten Jahren lebendig. Eine gewisse Feierlichkeit der dogmatischen Entwürfe der Spätzeit ist in frühen Stimmungen vorweggenommen.

Es bleibt die Grundhaltung des Auf-dem-Wege-Seins: nicht Sophia, sondern Philosophie; nicht Wissen, sondern Wissen durch Nichtwissen. Es bleiben die Wege des Aufschwungs, die im Denken gegangen werden: das Werden zum Sein vermöge der Teilnahme am Sein. Es bleibt als Mitteilungsmittel die Form des Dialogs, das Philosophieren durch in der Realität dichtend verklärte Gestalten. Es bleibt die Aufgabe, denkend, nicht mystisch und nicht kultisch, zum Sein zu gelangen, im Denken Erfüllung und Grenzen zu finden, an den Grenzen die Zeiger auf das Jenseits allen Seins zu erfahren, es bleibt das Verstehen im Abbild, die Bedeutung der Mythen.

Das Gleichbleibende ist die philosophische Freiheit. Denken und Sprechen sind Ort des Gewahrwerdens, nicht Mitteilung feststehender

Wahrheiten. Denken und Tun des Menschen sind ein Spiel, zumal in der Mitteilung. An den andern geht der Anspruch, darin zu verstehen und sich durch sein Wesen zu entscheiden, ob er sich zum Narren halten läßt durch das Gesagte, oder ob in ihm der Funke entzündet wird.

Gleichbleibend ist, daß seine Lehre nie System wird. Die großartigen Lehrentwürfe bleiben Momente, werden aber nicht das Ganze dieser Philosophie. Das Gleichbleibende kann man das bleibend Wahre nennen, das sich grundsätzlich der gegenständlichen Erkenntnis, der direkten Aussage, der angemessenen Formulierung entzieht.

b) *In Plato ist zusammengehalten, was sich später trennt (Mensch und Staat, Philosophie und Wissenschaft, Philosophie und Dichtung):*

Mensch und Staat: Es kommt auf den Menschen an. Die Sorge um die Seele geht allem anderen vorher. Eine Umkehr ist für jeden Einzelnen notwendig. Sie wird gewonnen im philosophischen Denken. Plato begründet das Philosophieren des Menschen, der unabhängig denkend auf sich selbst steht in der Welt. Er vermag sich von allem zurückzuziehen, – aber er tut es aus Not, in wartender Haltung, vorbereitend.

Denn der Gedanke des wahren Menschen ist bei Plato eins mit dem Gedanken des wahren Staats. Mensch und Staat sind untrennbar im Willen zum Einen, zum Agathon, zur Führung durch die im Philosophieren berührte höchste Instanz. Platos Philosophieren ist ein staatliches, nicht weil er das partikulare Moment der Pragmatik der Macht als auch ein Problem im Auge hat, sondern den Menschen im ganzen. Dieser Staat aber ist nicht die Menge der Institutionen und Gesetze und Kompetenzen, sondern die Ordnung der Herrschaft der Wahrheit selber in der Ordnung der Menschen, hierarchisch gegliedert nach dem Maße ihres philosophischen Wissens. Der vollendete Staat brauchte keine Gesetze; diese sind vielmehr, weil sie immer dasselbe sagen, für die Vollendung ein Hindernis. Er würde getragen von den Weisen, die im Blick auf das ewige Sein für jeden Augenblick des Werdens das Wahre erkennen und nicht mehr der Gesetze bedürfen.

Dieser Platonische Blick auf die unlösbare Einheit von Mensch und Staat entspringt dem Bewußtsein, gegenwärtig einer heillosen Zeit ausgeliefert zu sein. Es kommt Plato darauf an, diese Zeit zu enthüllen, ihre Verwahrlosung, ihre Lüge zu sehen, aber die Möglichkeit des Heils zu suchen, dieses Heil in einer Welt des Denkens vorzubilden mit dem Ergreifen des ewigen Urbildes, dieses dann durch Erziehung zu verwirklichen und im Augenblick, der durch göttliche Fügung (theia moira) bestimmt wird, vermöge solcher Erziehung den Staat zu schaffen, durch den der Mensch wird. Der Staat ist die wahre oder unwahre Erziehung; wahr, wenn die Herrschenden die Philosophen sind, so daß alle Menschen Teil gewinnen an der Wahrheit im Maße dessen, was sie als das für sie Gehörige in der Ordnung des Ganzen an ihrer Stelle tun, die überwältigende Mehrzahl allerdings, ohne daß sie mit dem eigenen Erkennen in direkte Berührung des Agathon gelangte.

Bei Plato ist zusammengehalten die Leidenschaft für den wahren Staat mit einem überstaatlichen und außerstaatlichen Philosophieren, dem Polis und Welt versinken in das Nichtige. In seinem Staatsentwurf werden daher die Philosophen nur aus Pflicht regieren, abwechselnd, damit sie nach der die Muße unterbrechenden Tätigkeit des Handelns immer wieder zum Herrlichsten, der reinen Erkenntnis, zurückkehren. Weltverneinung und Staatsgründungswille widersprechen sich nicht, sowenig wie Menschenverachtung und Erziehungswille.

Philosophie und Wissenschaft: Plato wendet sich an wissenschaftliche Forschung, vor allem in Mathematik und Astronomie und in der Medizin, aber so, daß Wissenschaft aufgenommen ist in das Philosophieren. Platos wissenschaftliche Unbefangenheit ist eins mit seinem höchsten Anspruch an das überwindende Philosophieren. Daher konnte das Sachinteresse moderner Forscher sich so gut wie der Enthusiasmus des eigentlichen Philosophierens im Umgang mit Plato entzünden.

Bei Plato verlieren die Gedanken, Begründungen, Beweise, wenn sie herausgenommen werden, ihren Gehalt. Was bei Plato als Voraussetzung wirksam ist, wird als Ziel erreicht, indem der Ursprung schon Weg und Erfüllung bestimmt. Bloß logische Sätze bleiben als Gedanken in der Sphäre der Wissenschaften (der dianoia). Wie bei Anselm der Gedanke seinen Sinn hat in der Bewegung des Gebets, so bei Plato in der Stimmung, die in der dramatischen Bewegung der Gedanken sich als Abbild des Seins begreift.

Die Einheit des Zueinandergehörens bei Plato ist ein Zeiger für die Folgezeit: in die Verwahrlosung der Wissenschaften, wenn sie führungslos werden, und in die Unwahrheit der Philosophie, die die Wissenschaften umgeht (aus dem Nichts des bloß denkenden Bewußtseins oder aus dem Nichts der phantastischen Anschauung zu leben meint) spricht beschwörend sein hohes Denken.

Philosophie und Dichtung: Plato ist ein großer Dichter. Dichtung und Philosophie, heute als getrennte Sphären mit je eigenen Gesetzen aufgefaßt, sind in Platos Werk eine Einheit. Aber diese Einheit ist in ihrem Sinn nicht einfach zu fassen und ist nicht wiederholbar.

Wollte man Platos Werk als Dichtung in der Unverbindlichkeit ästhetischer Vergegenwärtigung genießen, so würde Platos Wahrheit verloren sein. Auf diese Wahrheit und ihre Verwirklichung kommt es ihm an. Von da ist zu verstehen, was in den Dialogen über Dichtung gesagt wird: Dichter schaffen aus einem göttlichen Wahnsinn, was sie selber nicht verstehen und beurteilen können. Dichter bringen viel Falsches. Dichter ahmen nicht nur das Gute und Schöne, sondern auch das Schlechte und Häßliche nach. In der Idee des besten Staates wird daher sogar Homer – wenn auch mit Ehren und bekränzt – aus dem Staate verwiesen. Unwillig kehrt Sokrates der Interpretation von Dichtungen den Rücken. Die einen bringen diese, die anderen jene Deutung von Dichterstellen vor. »Vernünftige Männer wollen von derartigen Unterhaltungen nichts wissen... Mit Beiseiteschiebung der Dichter müssen wir, auf uns selbst gestellt, die Wahrheit und uns selbst erproben.« Wenn Sokrates die Dichter prüft, übersetzt er, was sie sagen, in Prosa (»Denn ich bin nicht zum Dichter geboren«). Von größter Wirkungskraft ist die Musik. Nur rechte, das Ethos klärende und steigernde Musik wird in der Idee des besten Staates zugelassen.

Wenn Plato selber ein großer Dichter ist – als Darsteller der philosophischen und widerphilosophischen Lebensmächte, als Erfinder von Situationen, Szenen und Figuren, als Bildner der Dramatik des Gedankens, als Schöpfer von Mythen, so ist er dieses für sein Bewußtsein doch als philosophischer Denker, der alle Mittel zur Verfügung hat, um die Wahrheit mitteilbar zu machen bis an die Grenzen des Möglichen. Platos Philosophie ist nicht gebaut auf den Wahnsinn, der als ein göttlicher unberechenbar geschenkt wird, sondern auf das Denken. Wie Plato in sich selbst diesem Denken die Führung gibt, so beansprucht er die höchste Instanz der Prüfung und Beurteilung der Wahrheit im Dichterischen für die Philosophie. Nur auf sie ist Verlaß, aber nur in jener Höhe ihres Denkens, auf die unsere Darstellung hinzuweisen versuchte.

Nun wäre zu fragen: Ist die philosophische Wahrheit von der Dichtung zu trennen? Oder geht bei solcher »Reinigung« auch die Wahrheit selber verloren? Plato jedenfalls kann man nicht spalten in den Dichter und den Philosophen. Seine Wahrheit verschwindet mit dieser Trennung. Es würde bleiben: erstens eine Summe von Lehrstücken, die für sich genommen nie in ihrem Sinne zu fassen und zudem untereinander widersprüchlich sind, zweitens eine dichterische Anschaulichkeit, die für sich genommen ergötzlich oder ergreifend ist. Die Philosophie Platos muß in der Tiefe begriffen werden, aus der sie spricht. Als untrennbar Eines hat sie den Vorrang vor den Gestalten der Verharmlosung sowohl zu bloßer Wissenschaft wie zu bloßer Dichtung. Mit der Trennung der Philosophie als das, was dann noch Philosophie im engeren Sinne heißt, von der Dichtung würde die Kraft der Philosophie Platos ausgelöscht.

c) *Platos Größe.* – Wir möchten wohl Philosophie in der Vollendung sehen und in der Größe persönlicher Gestalt. Für Plato lag diese Vollendung in Sokrates. Seit Plato da war, gibt es den abendländischen Philosophen in der Zweiheit und Einheit von Sokrates und Plato. Platos Größe zu sehen, diese Wahrheit, die uns einzig und unüberbietbar erscheinen kann, fasse ich das schon Gesagte zusammen:

Erstens: Plato gewann die Unabhängigkeit im Denken *durch das Denken,* mit dem Wissen des Nichtwissens. Diese Macht des Denkens ist ihm aufgegangen in Sokrates, wurde im Einklang mit ihm entfaltet.

Er gewinnt die Schwebe in allen Lehren. Weil jedes Sagbare und damit gegenständlich Gedachte nicht an sich selbst den endgültigen Sinn hat, wird Plato *Herr seiner Gedanken.* Die Abhängigkeit vom Gedachten hat er radikal durchbrochen.

Er ergriff einen Sinn des Denkens in der *dialektischen Spekulation,* aber zugleich in ihrem Scheitern, sofern sie abschließbare und letzte Erkenntnis sein wollte. Er fand ihre Ergänzung durch die bewußte Sprache des *Mythus,* fand die Rechtfertigung des Mythus für die Philosophie und überwand doch alle Leibhaftigkeit des Mythus im Ernste seines Spiels.

In der Beweglichkeit des Rationalen zeigte sich ihm das Substantielle, das nicht naturgegeben, auch nicht zweckhaft zu wollen ist, aber im Denken selber an dessen Grenzen aus der Freiheit des denkenden Wesens Sprache gewinnt. Es kann gefördert, gehemmt oder verschüttet werden. In der Bodenlosigkeit des Denkens selber wird der Boden fühlbar.

Zweitens: Dieser Boden zeigt sich Plato in der durch kein Denken zu ergründenden *Wirklichkeit.* Entscheidend für alles Gelingen in der Welt ist ihm die göttliche Fügung (theia moira). Seine Freiheit des Selbstdenkens ist gegründet in geschichtlicher Gebundenheit. Daher vollzieht sich in Plato der Schritt in die reine Unabhängigkeit des

Denkens, die bei Sophisten unmittelbar zu einem noch bodenlosen Kosmopolitismus geführt hat, so, daß er zugleich Athener bleibt, der in der Anklage gegen seine Polis sich Grenzen setzt, die Vergangenheit mythisch im Kampfe Athens gegen die Atlantiker idealisiert, den Vorrang athenischen freien Geisteslebens nicht verleugnet, wenn er die Qualitäten Spartas oder Ägyptens würdigt. Es ist daher in Platos Philosophie eine Stimmung der *Ehrfurcht,* der Pietät, der Liebe zur Herkunft.

Drittens: Plato findet die Erfüllung des Philosophierens im philosophischen Leben, noch nicht wie die Späteren in der Beschränkung auf die Philosophie, in der das Individuum sich selbst genug ist, noch nicht in der Armut des stoischen Weisen, der stolz darauf ist, daß er weder dem Jubel verfällt noch dem überwältigenden Leid. Vielmehr lebt das Platonische Philosophieren im Eros, diesem beflügelnden Aufschwung zwischen Nichtsein und Sein, in Gefahren und Rückschlägen. Platos Philosophie ist die Philosophie des Lebens der Liebe, der Liebe als der das Wissen hervorbringenden, der das Dasein verzehrenden, von der Zugkraft des Seins zum Sein hingerissenen Macht. Der Aufschwung ist verläßlich nur in gemeinsamem Aufschwung, gebunden an das Nichtsagbare und doch allein ganz Gewisse. Von dieser Platonischen Wahrheit des philosophischen Eros einen Funken zu empfangen, ist seitdem der Ausgang allen wesentlichen Philosophierens. Wie einer liebt, was er liebt und erinnert, das ist er selbst; dadurch wird er des eigentlichen Seins ansichtig. Dante, Bruno, Spinoza haben diese Grundwahrheit bezeugt. Das Erzittern des Ursprungs im erwachenden Menschen bringt ihn in die ruhelose Bewegung unter dem Kriterium des Stachels des Ungenügens, wenn nicht dieser Aufschwung geschieht.

Viertens: Platos Größe bezeugt sich in der vielfachen Spiegelung: Ob man in ihm sah den Lehrer eines Systems, den wissenschaftlichen Forscher, den Dichter von Mythen, den herrscherlichen Staatsgründer, den das Heil verkündenden religiösen Propheten, so war etwas in ihm, das einen Augenblick wie alles dieses aussehen kann. Aber keine dieser Auffassungen fängt ihn ein und jede übertreibt. Er war allumgreifend in der Bewegung lebenwährenden Denkens, war wie das Leben selber voller Spannungen, zweideutig, erweckend, nur indirekt auf Weg und Ziel weisend, unruhestiftend.

2. *Platos Grenzen*

In seiner philosophischen Grundhaltung und der ihr entspringenden Denkungsart ist Plato unüberbietbar. Hier ist ohne Grenze der bis heute nicht versagende Anspruch zu spüren, die Höhe Platos wenigstens zu erblicken. Anders liegt es mit den Inhalten – den Erfindungen, Vorstellungen, Entwürfen, konkreten Anschauungen und Zielsetzungen –, die er auf dem Wege braucht. Diese absolut zu setzen, ist gegen Platos eigene Denkungsart. Für unsere Aneignung ist wesentlich, daß wir nicht verschleiern, wo Grenzen der inneren Lebensverfassung, des politischen Bewußtseins, des Forschungswillens Platos sich zeigen.

Ein geschichtlich objektiver Maßstab liegt in dem, was nach Plato kam: Biblische Religion, – die religiös begründete Idee politischer Freiheit, – universale Wissenschaftlichkeit der Neuzeit. Wirklichkeiten, die er noch nicht kennen konnte, Quellen, die ihm noch nicht flossen, haben an den Tag gebracht, was bei Plato noch stumm ist und was eine für uns befremdende Stimmung in manche seiner Sätze bringt. Auch der größte Mensch ist gebunden in dem Umkreis seiner geschichtlichen Welt. Darin hat er seine Größe durch Hinauswachsen ins zeitlos Gültige, aber auch die Grenze durch sein historisches Kleid.

Bei Plato zeigen sich jene drei Grenzen seiner Denkweise am Maßstab der biblischen Religion, der politischen Freiheit, der modernen Wissenschaft. Diese Grenzen liegen nicht in der philosophischen Grundhaltung Platos, sondern zum Teil in den Materialien, mit denen er philosophiert, zum Teil in den Stimmungen, die in bezug auf bestimmte Realitäten bei ihm auftreten. Eine vierte Grenze wird an Platos eigenem Maßstab fühlbar, wenn sein Philosophieren zur Philosophie in Lehre und Schule wird.

a) *Am Maßstab biblischer Religion.* – Die biblische Religion bringt den Gedanken Gottes, der die Welt aus nichts geschaffen hat und sie mit dem Weltende im Gottesreich wieder verschwinden lassen wird. Damit wird eine neue äußerste Radikalität möglich: das Wissen erstens um die Unvollendbarkeit in der Welt, zweitens um die Geschichtlichkeit des Menschseins, drittens um das Böse im menschlichen Handeln und Erkennen, viertens um die unersetzliche Bedeutung und den Wert jeder Menschenseele. Sehen wir, wie Platos Denken in solchen Horizonten aussieht.

Erstens: Für Plato gibt es Vollendbarkeit in der Welt; das Denken hat an der Wirklichkeit selber teil; die Arete ist möglich. Irrtum und

Schuld sind ihrem Sinne nach Abweichungen infolge des Nichtseins der Materie, in der das Werden stattfindet. Sie sind grundsätzlich überwindbar. Vollkommenheit in der Welt ist als vollkommenes Abbild der ewigen Idee möglich. Das Unvollkommene gilt seiner Herkunft entsprechend als Nichtsein. Vernichtendes Leiden am Unheil, Verzweiflung in der Verlorenheit, Ausweglosigkeit des Weltseins als solchem sind Plato als möglicher Seelenzustand fremd. Er kennt weder den Abgrund des Nihilismus noch den Drang zur unmittelbaren Hilfe der Gottheit. Plato erträgt, geht in der Ruhe den Weg der Anähnlichung an das Göttliche. Er braucht nicht Hilfe, aber erwartet »göttliche Fügung«. Er sieht im totalen Ruin einen bloß zeitlichen, belanglosen Vorgang im Werden der unendlichen Zeit.

Doch läßt sich die andere Verfassung leise spüren. Platos politisches Denken findet in dem von ihm als heillos erkannten Athen statt. Das Leiden an diesem Unheil war ein Hauptmotiv seiner Philosophie. Er war nicht unbeteiligter Zuschauer, sondern stand bereit. Seiner Liebe zu Athen setzte er mehrere Male ein, wenn auch ironisch verkleidetes, Denkmal.

Zweitens: Plato weiß nicht um die Geschichtlichkeit. Er weiß nicht um die eine Geschichte, in der unwiderruflich, ewig entschieden wird, sondern er hat die Ruhe im Blick auf die unendliche Zeit, in der irgendwann einmal durch göttliche Fügung geschehen wird, was heute mißlingt. Nicht wurde er sich bewußt der einen, konkreten, geschichtlichen Zeit, in der kein Augenblick versäumt, jede Chance ergriffen, der Weg gegangen werden soll im Zusammenhang mit dem geschichtlich gegebenen Grunde, den bestimmten Voraussetzungen, als das Versuchen in das Unabsehbare hinein. Auch weiß Plato nicht um die Geschichtlichkeit des einzelnen Menschen, die das Einswerden von Zeit und Ewigkeit im Entschluß, in der Bindung an das geschichtlich Eine ist, das Übernehmen dessen, als was ich geworden bin und was ich getan habe, die Helle der verpflichtenden Erinnerung, die unbedingte Treue.

Aber das gilt für die bewußten Entwicklungen seiner Gedanken. Doch weiß Plato um den Augenblick, den Funken, der plötzlich nach langem Zusammenleben zwischen Menschen, als Einmütigkeit der Wahrheitsgewißheit, springt. Was Plato wirklich war in seiner Liebe zu Sokrates, ist ihm nicht als Geschichtlichkeit der Existenz zum philosophischen Bewußtsein gekommen. Er hat es wie den Eros überhaupt nur in seiner Allgemeinheit gedacht. In Platos Werk läßt sich die

Spannung zwischen dem dialogisch Konkreten und dem Allgemeinbegrifflichen als ein Ausdruck der Geschichtlichkeit auffassen.

Drittens: Das Böse in seiner unumgänglichen, furchtbaren Wirklichkeit wird Plato nicht bewußt. Darum kann seine Psychologie harmlos anmuten. Die plastische Klarheit seiner psychologischen Anschauungen bringt zwar Grundzüge der Realität in schöner Einfachheit vor Augen. In solcher Objektivierung aber weiß er nur von dem, was bewußt ist. Das Unbewußte ist identisch mit Unwissenheit. Die Selbstreflexion ist schnell am Ende, kennt nicht den Abgrund der Innerlichkeit, der sich erst der dialektisch verstehenden Erhellung öffnet. Plato bewahrt die distanzierte Vornehmheit gegen das eigene Innere, die Herbheit im Schweigenlassen des Beunruhigenden. Er dringt nicht unablässig ein in die Selbsttäuschungen, um sie, betroffen von der Unheimlichkeit im Grunde, nach Kräften aufzulösen; er kennt nur die Psychologie der Folgen der Unwissenheit.

Aber wieder spricht bei Plato gelegentlich leise das Andere. Er weiß nicht nur um eine von den Auslegern gern weginterpretierte böse Weltseele. Als im Gorgias das Böse als Nichtwissen gleichsam verdampft wird, steht Kallikles selbst in seiner Positivität des bösen Willens leibhaftig da. Im Philebos ist beiläufig von der Schadenfreude die Rede, der Freude sogar über das Leid der Freunde.

Viertens: In seinem Staatsentwurf sind Plato erstaunliche Möglichkeiten erschienen: die Aufhebung der Ehe, die Kindergemeinschaft, der Züchtungsgedanke, die Beurteilung der Sklaven, die Ausweisung aller älteren Menschen, weil unerziehbar, aufs Land bei einer neuen Staatsgründung, die Degradierung der überwältigenden Mehrzahl der Menschen zu wissenslosem Gehorsam und zur Ausschließung aus der Entfaltung im Aufschwung zum Agathon. – Chronische, unheilbare Krankheiten sollen nicht behandelt werden; »ich denke, es hat für den Menschen keinen Nutzen zu leben, wenn er körperlich elend ist; denn wer so lebt, muß notwendig auch ein elendes Leben führen«. In allen diesen Möglichkeiten verleugnet Plato, was schon im Altertum Philanthropia und Humanitas hieß.

Der Eros Platos ist in der sinnlichen Erscheinung und in der philosophischen Deutung durch Grenzen eingeschlossen, die ein Ungenügen in uns bewirken. Die griechische Selbstverständlichkeit der Knabenliebe und der Ausfall der Liebe zur Frau ist ein historisches Kleid der Platonischen Gedanken, das diese selbst zwar nicht ihrer Wahrheit beraubt, aber in begleitenden Stimmungen für uns einer inneren Überwindung des uns Fremden bedarf. Die philosophische Deutung geht so ausschließlich auf den Weg zur Idee unter Nichtbeachtung der geschichtlichen Existenz der Liebe zum Einen in der Zeit, daß Platonische Gedanken nicht ausreichen, die im Abendlande auf biblischem Grunde möglich gewordene Liebe der Geschlechter in ihrem metaphysischen Sinn wiederzuerkennen. Die Ansätze bei Plato zur Verteufelung der Geschlechtlichkeit überhaupt machen die Erfüllung des Sinnlichen selbst (wenn es das Pfand für immer wird) unmöglich. Das Sinnliche ist bloß Anlaß zum Aufschwung dadurch, daß es vernichtet, ist nicht die einmalige Wirklichkeit, die geadelt wird.

Der Eros Platos kennt nicht die Agape, die Liebe zum Menschen als Menschen, zum Nächsten. Daher kennt Plato auch nicht die Menschenwürde als Anspruch an jeden Menschen und seitens eines jeden Menschen.

b) *Am Maßstab politischer Freiheit.* – Das politische Denken Platos hat eine Grenze in dem Fehlen der Idee der politischen Freiheit, die in der europäischen Welt seit dem Mittelalter ihre weltgeschichtliche Wirklichkeit gewonnen hat. Sie lag außerhalb des Platonischen Gesichtskreises. Was in Solonischen Anfängen sich zeigte, wurde in der antiken Demokratie verschüttet und in der Folge nicht mehr zur Klarheit gebracht, auch nicht in den Gedanken von der gemischten Verfassung.

Platos großartige Erfindungskraft hat doch nicht vorweggenommen die Verfassungen der Freiheit in ihrer Bewegung und Chance durch die Formen der Gesetzlichkeit. Er erdenkt die Herrschaft der Philosophenkönige, deren Auslese und Erziehung. Er denkt nicht an eine Herrschaft auf Grund der Kommunikation aller, um jeweils das Rechte zu finden in den Geleisen einer Gesetzlichkeit, die ihrerseits in gesetzlich möglichem Sichverwandeln bleibt. Er denkt nicht an die Formen der Vermittlung, vor allem nicht an die Repräsentation, die die Verbindung des Willens aller mit dem Willen der Herrschenden und deren Auslese suchen. Er findet nicht die Möglichkeit, den Mangel der Gesetze, daß sie starr immer dasselbe sagen, zu überwinden: nämlich statt durch die von Plato gedachte Freiheit eines übermenschlichen Philosophenkönigs vom Gesetz, vielmehr durch die Korrigierbarkeit der Gesetze auf einem gesetzlichen Wege und die Korrigierbarkeit dieser Wege selber. Plato erdenkt nicht das Wagnis der Völker, im Miteinanderreden, durch den Versuch der Erziehung und Bildung aller, die politische Wirklichkeit so zu lenken, daß kein Einzelner, und sei er noch so groß, für sich allein dauernd entscheiden kann. In dieser Wirklichkeit wird nie vergessen, daß auch der Größte nur ein Mensch sei und der Kontrolle bedürfe.

Plato tritt nicht ein in reale Politik auf Grund der gegebenen Situationen, sondern er wartet auf die Möglichkeit des Sichdarbietens irgendeiner politischen Wirklichkeit als Material für das totale philosophische Bauen des wahren Staats durch die gründende Erziehung vom Ursprung her. Statt in der Wirklichkeit im Zusammenwirken der Gemeinschaft aus den konkreten Aufgaben Gesetze erwachsen zu lassen, vermöge der Gesetzlichkeit eines Rechtsstaats in seiner unabschließbaren Bewegung, entwirft Plato die Gesetze für einen unveränderlichen Staat. Der Sprung aus der Ewigkeit, deren Vergewisserung im Philosophieren gelang, in die Daseinswirklichkeit als einer einzigen, unwiderruflichen Geschichte bleibt aus. Plato erhellte tiefe Impulse, sah hohe Maßstäbe, aber verleugnete die Bindung an die raumzeitliche, hier und jetzt gegebene Realität als unumgängliche Aufgabe. Diese Grenze verwehrt, im Sinne Platos selber, die »Anwendbarkeit« seiner Gedanken. Aber diese Gedanken lassen den Raum erwachsen, in dem aus dem in Gott gegründeten politischen Ethos die politischen Impulse entspringen können.

Mit dieser Grenze Platonischen politischen Denkens hängt es zusammen, daß Plato, ungeschichtlich denkend, so leicht die gegenwärtige Aufgabe der konkreten politischen Realität preisgeben kann zugunsten eines Rückzugs des Philosophen aus der heillosen Welt. Das Ideal kann ihm, ohne geschichtliche Kontinuität, irgendwann einmal in der unendlichen Zeit durch »göttliche Fügung« (theia moira) wirklich werden. Die Zeit steht beliebig zur Verfügung. Plato erwartet ohne Termin irgendwann einmal die Verwirklichung des Vollendeten. Das übrige ist ihm gleichgültig. Er denkt nicht an die Beschränkung des menschlichen politischen Tuns auf das Mögliche: an die Erziehung der Öffentlichkeit im Miteinander durch das Ethos einer Demokratie. Er sieht wohl die Probleme, die auch an jede Demokratie Fragen bleiben. Aber er kennt in seiner Gestaltung des idealen Urbildes nur die autoritäre und totalitäre Lösung, die ihm unter der Hand auswächst zu grotesk inhumanen Möglichkeiten. Er meint sie nicht als absichtlich so einzurichtenden Staat, wenn er ihn im idealen Raum durch seine dialogischen Sprecher als absichtlichen entwerfen läßt. Er müßte scheitern am Ausbleiben der Philosophenkönige. Aber Plato hat Maßstäbe konsequent ausgearbeitet, die das politische Denken ungemein erregen, und die in gewissen Zügen der mittelalterlichen katholischen Kirche sogar eine teilweise Wirklichkeit gewonnen haben (Zeller).

Nur der persönliche Freiheitsgedanke der philosophischen Vernunft, nicht der politische Freiheitsgedanke kann sich auf Plato berufen.

c) *Am Maßstab moderner Wissenschaft.* – Der Name der Wissenschaft (episteme) hat bei Plato einen anderen Sinn als den der Wissenschaft unserer Zeiten. Zwischen beiden liegt ein Abgrund: für Plato ist es jenes eigentliche Denken, in dem der Mensch selber anders wird, sich anähnelt an das Göttliche, – für uns die zwingende Einsicht, zu deren Begreifen nichts weiter als Verstand erfordert ist und der Mensch außerhalb bleibt (das »Private« und »Persönliche« hat mit der Sache nichts zu tun), – bei Plato ist die tiefe Befriedigung; in der modernen Wissenschaft aber bleibt die unbeantwortete Frage: wozu? in dem endlosen Fortschreiten, das immer nur Stufen für Spätere schafft und als Erkenntnisinhalt unselig läßt, falls nicht das arbeitende Fortschreiten ins Unbestimmte als solches genug ist.

In der Schule der Akademie hat sich Plato für die zeitgenössischen, wissenschaftlichen Bewegungen der Mathematik, der Astronomie, der Medizin (in denen Ansätze moderner Wissenschaft stattfanden), nicht nur interessiert, sondern durch sein Fragen an ihnen teilgenommen. Er hat sie benutzt als Material seines Philosophierens. Ihre Ergebnisse verwendet er in dem wissenschaftlichen Mythus des Weltbaus im Timäus; ihre Verfahren waren ihm Leitfäden für das Üben rein begrifflichen Denkens als Vorbereitung zum Aufschwung in der Dialektik.

Platos Einwirkung auf Wissenschaften durch die Forderung der Konstruktion aus Voraussetzungen, der Einteilungsverfahren, besonders durch den vorantreibenden, in fragender Bewegung bleibenden Charakter seines Denkens überhaupt, koinzidiert aber keineswegs mit einem selbstverständlichen Interesse an wissenschaftlicher Erkenntnis. Vielmehr verachtet Plato die bloß empirische Einsicht.

Nicht die astronomische Erkenntnis hält er für wesentlich, sondern daß in ihr ein Abbild der Ideen wahrnehmbar wurde. Die Experimente, bei denen zwecks physikalischer Erkenntnis die Saitenlängen versucht und variiert wurden, verwarf er als unnütze Spielerei. Das »Retten der Erscheinungen« bestand für ihn in der deduktiven Auffindung etwa der mathematischen Formen, aus denen sich die Bewegungen der Sterne und die Tonhöhen begreifen ließen. Aber genauere Beobachtungen hielt er für überflüssig. Er kannte nicht den Willen zur

Exaktheit der empirischen Feststellung. Denn hier genügte das Ungefähre, da alles Empirische in seinem unbestimmten Werden ohnehin nie mehr als ein mehr oder weniger genaues, nie stimmendes Abbild der geistigen Figuren sein konnte (noch bei dem wissenschaftsfremden Hegel gilt die Platonische Haltung im Gedanken von »der Ohnmacht der Natur, dem Begriff zu genügen«).

Plato hatte auch nicht die Freude an der unendlichen Mannigfaltigkeit der Erscheinungen, die als solche kennenzulernen die ständige Lust der ionischen Wissenschaftler war, die in Demokrit und Aristoteles Gipfel erreichten. Der wissenschaftliche Geist unendlichen Fortschreitens in der Betroffenheit durch das Faktische war ihm fremd.

Daher war die Platonische Akademie keine Organisation wissenschaftlicher Forschung. Die Idee, alle Wissenschaften, die irgendwo zur Erscheinung gekommen waren, als zusammengehörig zu erkennen in einem Kosmos der Wissenschaften, der unabhängig von einer Philosophie zwingende Erkenntnisse als solche überall zu bewahren und methodisch zu fördern sucht, lag Plato fern. Was in Aristoteles' Schule als gewaltige Sammelarbeit und morphologische Ordnung der natürlichen und geistigen Realitäten betrieben wurde, hätte für Plato kein Interesse gehabt. Denn Platos Akademie war eine Schule des Philosophierens. Die Idee der Erziehung und der Ausbildung künftiger Staatsmänner war maßgebend. Man war bereit, die Chance einer philosophischen Staatsgründung, wenn die Gelegenheit sich bot, zu ergreifen. Aber bloße Gelehrsamkeit, wie sie in der alexandrinischen Zeit sich großartig entfaltete, war gleichgültig.

Wissenschaft und Philosophie sind nicht getrennt. Eine Wissenschaft, die nicht in das Philosophieren einbezogen ist, hat keinen Wert. Darin liegt die bleibende Wahrheit, daß das Interesse für wissenschaftliche Erkenntnis philosophischen Charakter hat und sich selbst nicht mehr wissenschaftlich begründen kann, und daß mit diesem Interesse in allen Wissenschaften geistigen Ranges eine philosophische Grundhaltung zum Ausdruck kommt. Aber der selbständige Wahrheitscharakter wissenschaftlicher Erkenntnis gegenüber philosophischer Einsicht ist Plato nicht klar geworden und blieb mit wenigen Ausnahmen außerhalb des Horizonts seiner Zeit.

d) *Am Platonischen Maßstab: Die dogmatische Tendenz.* – Die Unklarheit über Wissenschaft und Philosophie, über die wissenschaftlichen Möglichkeiten überhaupt, steht vielleicht im Zusammenhang mit einer Tendenz Platos, die zwar nie zum Siege kam, da sie doch in Platos

Philosophieren grundsätzlich überwunden war: der Neigung zum dogmatischen Abschluß.

Es ist der Umschlag aus der Schwebe des Gedachten in die Verfestigung zum gedachten Sein, aus dem Werkzeug spielenden Lesens der Chiffern zur veräußerlichten Objektivität des Erkannten, aus dem Versuchscharakter in das Ergebnis des Denkens. Plato hat in seinen klaren Aussagen über Schriftlichkeit, Lehrvortrag, Lehrbarkeit, Mitteilbarkeit dies angedeutet. Aber bei der schriftlichen Durchführung der Gedanken muß die Kraft solcher Andeutungen zugunsten des entschieden Behaupteten, Begründeten, Geforderten schwinden. Die Gedanken drängen zur Aufhebung des Dialogs in den Lehrvortrag (wie in den späteren Werken), obgleich immer noch ein Moment des Dialogischen, In-die-Schwebe-Bringenden, bleibt, das alles, was wir von Plato selbst haben, noch unterscheidet von dem, was er nach den Berichten in seiner Altersvorlesung »Über das Gute« gesagt haben soll (Wilpert). Der Einheitswille, der sich in gegenwärtiger Existenz verwirklichte durch die Freiheit unendlichen Denkens in bezug auf das eine führende »Gute«, verfestigt sich in die ontologische Seinskonstruktion. Das Philosophieren, das in Plato den Dogmatismus durchbrochen hatte, würde wieder auslaufen in einen neuen, anderen Dogmatismus.

Wenn Plato, der durchbrechende und befreiende Philosoph, in der Erscheinung seines Vortrags in diese Grenzen durch das Denken selber geraten ist, so nur in dem Maße als die Situation der Schule dies nahelegte. Er gründete eine Schule des Philosophierens, und darin erwuchs unausweichlich eine Schule des Lehrens. Das hätte nur anders sein können, wenn jeder Schüler ein Plato gewesen wäre. Nun aber wurde Plato überwältigt von den Ansprüchen der Schüler und von der Großartigkeit auch der losgelösten Lehrinhalte als solcher. Daher die Verwandlung der Stimmung von den sokratischen Frühdialogen über die klassischen Hauptwerke in ihrer herrlichen Freiheit zu den das Lehrmäßige in größerer Breite zulassenden, in ihrer souveränen Gedanklichkeit und in ihrer dialektischen Erfindungskraft immer noch ganz Platonischen späteren Werke. Es ist ein historisches Phänomen ersten Ranges, daß der schulfremdeste, indirekteste, in persönlicher Einmaligkeit wurzelnde Philosoph zugleich der erste wirksame Schulgründer war.

Die Grenze, in die Plato durch die Schule geriet, läßt sich als etwas Unausweichliches vielleicht durch einen Vergleich Platos mit Sokrates deutlich machen. Sokrates schrieb nicht und lehrte nicht. Von ihm wüßten wir nichts ohne Plato. Plato schrieb und lehrte und geriet damit in den Widerspruch zwischen dem Inhalt der Mitteilung und der Tatsache solchen Mitteilens. Liegt etwas an sich Unmögliches in der Natur der Sache des Philosophierens?

3. Platos Bedeutung für uns

Plato hat zum erstenmal den Menschen in der Situation des totalen Unheils gesehen, das durch sein Denken entsteht, wenn dieses falsch ist und sich selbst nicht versteht. Plato stellt daher die Aufgabe der totalen Umwendung. Wenn das Denken mit der großen sophistischen Bewegung den Weg der Aufklärung beschritten hatte, wenn dann vor seiner Kritik alles Überlieferte zerfallen mußte, und wenn dann sein Wesen und der gesamte menschlich gemeinschaftliche Zustand in das Chaos zu führen schien, dann mußte mit den Mitteln des zu solchem Verhängnis führenden Denkens durch das Denken selbst der rechte Weg gesucht werden. In Plato sehen wir die erste große Gedankenbewegung gegen die Gefahren und die Verfälschungen der Aufklärung, aber auf dem Wege gesteigerter Aufklärung, das heißt auf dem Wege der Vernunft zur Überwindung der Verstandesentgleisungen.

Der Kampf erscheint in der Platonischen Antithese des Sokrates gegen die Sophisten, einer immer wiederkehrenden Antithese, in erstmaliger geschichtlicher Gestalt. Es ist der Kampf der Philosophie gegen die Unphilosophie, des Ernstes der Bindung gegen die Willkür des Ungebundenen. Der Gegner der Philosophie, der mit dem philosophischen Denken zugleich ersteht und wie ein Proteus in endlosen Verwandlungen sie durch die Geschichte bis heute begleitet, wird von Plato zum erstenmal mit Bewußtsein gestellt. In diesem Ringen mit ihrem Gegner kommt die Philosophie erst zu sich selbst. Plato wird die Quelle der Philosophie in der Krisis, die nie aufhört, mag sie auch weggeredet und verleugnet werden.

Daß Sokrates von dem athenischen Gericht verurteilt wurde als Sophist, ist eine unheimliche Verkehrung. Sie kennzeichnet die Situation der Philosophie in der Welt. Für das verschleierte Bewußtsein waren beide dasselbe. Das Neue, die große Gegenbewegung und Wiedergeburt, hatte nur in dem einen Manne Gestalt, für das öffentliche Bewußtsein unsichtbar. Für die Öffentlichkeit war er vielmehr die Konzentration der verhaßten Sophistik. Er wurde von der Öffentlichkeit, in Abwehr gegen Erhellung und Forderung, verworfen als das leibhaftige Böse. Die Sophisten in ihrem Unernst sind der Menge ärgerlich und erträglich zugleich. Denn die Sophisten sind fügsam, umgänglich, dienstbar und vielleicht angenehm verführend. Aber wenn es ernst wird mit dem Denken, wenn ein Unbedingtes sich zeigt, das als ewige Wahrheit Anspruch macht an das Selbstdenken, dann wehrt sich etwas im Menschen gegen die Mühsal der verantwortlichen Selbsterleuchtung. Man will nicht wach werden, sondern weiterschlafen.

Aber hat Plato den Weg gewiesen? weist er ihn uns heute? Der Sinn seiner Mitteilung ist, die Notwendigkeit, den Weg zu finden, zum Bewußtsein zu bringen, und das Beschreiten des Weges aus der Kraft des Suchens zu veranlassen. Der Weg selbst wird nicht als eine in bestimmter Weise zu befolgende Anweisung ausgesprochen. Denn er kann nicht durch Zeigen eines angebbaren endlichen Zieles in der Welt gewiesen werden. Das ist das Erregende und Unumgängliche für die Selbstverantwortung des menschlichen Denkens (wenn Plato diese auch nur für Philosophenkönige beansprucht und gestattet).

Was immer Plato in Gedanken, Entwürfen, Bildern und Mythen entwickelt, vielleicht nichts davon ist derart, daß wir in concreto folgen können, ohne den Gesamtsinn seines Denkens zu verlieren. Wenn wir uns im Philosophieren mit Plato üben, so erfahren wir nicht Lösungen, sondern die Kraft, im je Konkreten unsere Lösungen zu finden.

Der philosophierende Leser Platos wird durch ihn vorangetrieben, zu überschreiten, was auch immer als Entwurf einer Lehre vorkommt. Aber im Überschreiten selbst ist eine eigentümliche philosophische Befriedigung. Es scheint stets nahe zu sein, worauf es ankommt, daher die Anziehungskraft Platos. Es ist nie endgültig da, daher die große Forderung, mit neuen Kräften sich ihm zuzuwenden. Außerordentliches scheint Plato zu verheißen. Um es zu erlangen, muß der Platoniker es aber aus sich selbst hervorbringen. Plato bringt das Philosophieren, das der Natur der Sache nach nie abgeschlossen und vollendet ist.

Plato ist wie der Stellvertreter des Philosophierens überhaupt. An seiner Wirklichkeit vergewissern wir uns, was Philosophie sei. Durch ihn prüfen wir den Wert unseres eigenen Denkens.

Er bewirkt den Sinn für das Wesentliche. Wir sollen in der kurzen Lebensfrist uns nicht in Endlosigkeiten und nicht in Sackgassen verlieren. Plato zeigt uns die einfachen Gedanken, die eine Unendlichkeit in sich bergen. – Wir sollen uns konzentrieren, um die ewige Quelle zum Fließen zu bringen. Plato lehrt uns, festzuhalten und der Zerstreutheit zu entgehen. – Seine Philosophie stellt die Forderung, die wir nie vergessen können, es sei denn um den Preis, uns selbst zu verlieren.

IV. Wirkungsgeschichte

Platos Ort in der Geschichte der Philosophie ist einzig: er steht am Übergang der Zeiten, zwischen den Vorsokratikern, ihrem aus der Tiefe geschöpften Seinswissen, ihrem machtvoll naiven Zugreifen, ihren monumentalen Visionen, und den Hellenisten, deren lehrhaften, interpretierenden, dogmatischen Philosophien, die den ohnmächtigen Individuen in der neuen Welt der bürokratischen Großstaaten dienten. Plato ist der einmalige Gipfel der Weitsicht und der Hellsicht. Er erfüllt den Augenblick, in dem gleichsam der Raum sich öffnet; bald scheint er sich wieder zu schließen.

Seit Plato sind die Philosophen in abendländischer Gestalt da. Die Vorplatoniker stehen in Analogie zu Philosophen Chinas und Indiens in der Achsenzeit. Mit Plato geht der Schritt darüber hinaus. Was ist das Neue? Es ist die Öffnung des Nichtwissens auf dem Wege über das Wissen, doch nicht im bloßen Ansatz eines kurz gesagten Tiefsinns, der zwar alles in sich birgt, aber nicht entfaltet, sondern im Beschreiten der Wege bestimmten Wissens, durch dessen Art und Inhalt und dessen je eigentümliche Grenzen erst das erfüllte Nichtwissen gewonnen wird. Dieses Philosophieren führt durch die Welt in ihrer unerschöpflichen Fülle zum Sein.

Plato hat der Philosophie den weitesten Umfang gegeben. Er läßt ihr neue Möglichkeiten offen, und er hat ihr die Idee der Einheit eingeprägt. Diese Einheit ist nicht die Synthese alles Wissens zu einem Ganzen, sondern Platos Wesen, das denkend auf das Eine der Transzendenz bezogen ist. Er eignete alles Vergangene an, wußte sich in der Kette der Philosophen und zugleich als den Begründer dessen, wodurch diese Kette erst ihren verbindenden Sinn erhält und eigentlich erst eine Kette wird. Durch ihn verwandelte sich die Philosophie im Rückblick auf Vorgänger und im Hinblick auf das geistig Gegenwärtige zu dem fortdauernden Leben. Alle Späteren sind hineingeboren in das, was Plato begonnen hat.

In Plato treffen sich und aus ihm kommen fast alle Motive des Philosophierens. Es sieht aus, als ob die Philosophie in Plato ihr Ende finde und ihren Anfang. Alles Vorhergehende scheint ihr zu dienen, alles Nachkommende sie zu interpretieren. Aber das Frühere ist trotzdem nicht Vorstufe, sondern selbständige Gewalt. Das Spätere ist nicht Entfaltung, sondern selbständige Erfahrung von Welt und Mensch und Gott. Doch für alles kommt der Augenblick, wo es sich in Plato spiegelt und geprüft wird.

Die Philosophie Platos kann aussehen wie eine Fülle bloßer Ansätze, die bis heute noch nicht restlos entfaltet sind, aber zugleich wie unüberholbar in der Grundhaltung. Daher ist sie ebenso ein Stachel für das selbständige, schaffende Denken, wie Vollendung, der sich hinzugeben eine tiefe Befriedigung wird.

Platonismus heißt die Aneignung und Verwandlung Platos bis heute. Wenn das Platonische Denken keinen greifbaren Boden hat, das Ganze vielmehr schwebt, das Entscheidende nicht gesagt ist, so muß man, um an ihm Teil zu gewinnen, gleichsam hineinspringen, mitvollziehen und erfahren, was dort geschieht, und sehen, was daraus im eigenen Wesen wird. Platos Philosophie kann nicht als objektive Lehre geradezu in Besitz genommen werden. In dieser Form verschwindet vielmehr die Macht seines Denkens. Denn dieses bringt nur hervor, was ihm entgegengebracht werden muß.

Darum gibt es zwei Wege des Platonismus: auf dem einen geschieht die Unterwerfung unter bestimmte Lehren und Anschauungen; auf dem andern wird durch den Umgang mit Plato die im Ernst gegründete philosophische Freiheit gewonnen. Auf dem ersten Wege, der historisch sichtbar ist, bleibt vielleicht ein Rest von dem nun verborgenen Leben, das auf dem zweiten kaum sichtbaren Wege eigentlich gedeiht.

Kennzeichen für den Verlust des Platonischen Geistes im Platonismus sind: der Mangel an Sinn für die indirekte Mitteilung, wenn Lehren rein gegenständlich und wörtlich genommen werden, – die Beschränkung auf Wissenschaftsgebiete oder auf das Religiöse oder auf das Staatliche, – die Preisgabe des Tmemas (des Schnittes) zugunsten von Stufenbau und Kontinuität, – die Verwandlung der Anähnlichung an das Göttliche in der Wirklichkeit dieses Lebens zur unio mystica (Henosis), einer Vereinigung mit der Gottheit, – und mit all dem der Verlust der Freiheit im Umgang mit Gedanken und Entwürfen und damit der inneren Unbefangenheit (der Eleutheriotes, der Liberalität).

Plato selber wurde im Platonismus nicht selten zur Autorität eines

Meisters, wurde eine Gestalt, die eher dem Pythagoras als dem wirklichen Plato gemäß ist. Was die Schule tat mit der Steigerung ihres Gründers zum göttlichen Plato, das besiegelte die Preisgabe der Platonischen Eleutheriotes.

Die Fülle der thematischen Inhalte ist so groß, daß es wenige spätere Philosophien gibt, in denen nicht irgendwo Plato gegenwärtig ist. Die thematische Begrenzung hat herausgegriffen: die Mythen von der Unsterblichkeit und den Höllenstrafen zu einer wörtlich genommenen Jenseitslehre; – den Entwurf des Weltalls und dessen Schöpfung zur Naturphilosophie, – die Ideenlehre zur Ontologie und Erkenntnisbegründung in der Zweiweltentheorie, – die Lehre vom Eros zum Fundament des Enthusiasmus, – die Staatsentwürfe zum politischen Programm.

Diese Begrenzungen führten zu Dogmatisierungen von Platonischen Teilpositionen. Versuchende Entwürfe, im Spiel als indirekte Sprachen gültig, wurden verwandelt in eine Geographie vermeintlich gekannter Welten. Möglichkeiten wurden zu Wirklichkeiten. Eine Erbaulichkeit illusionären Charakters trat an die Stelle des hellen philosophischen Eros.

Aber dagegen wandte sich der wissenschaftliche Impuls im Platonismus. Was Plato in deduktiven Konstruktionen dialektisch versuchte, was er von den Mathematikern forderte, so daß sie auf den Weg kamen, der in Euklid seine didaktische Vollendung fand, das wurde als Form zur metaphysischen Spekulation angeeignet, von Proklos bis Spinoza, und als reine Form von modernen Logikern im Blick auf Plato verwirklicht. Metaphysik und logisch-wissenschaftliche Erkenntnis konnten sich gleicherweise auf Plato beziehen.

Der Platoniker ist so wenig zu definieren wie der Christ. In der historischen Folge platonischen Denkens bewegen sich so heterogene Motive wie neuplatonische Mystik und Kantische Reinheit der Selbstvergewisserung der Vernunft, gnostisches Schwärmen und wissenschaftliche Schärfe. Allen aber scheint noch etwas gemeinsam zu sein gegen die, die wider Plato stehen oder gar nicht von ihm betroffen sind, die ihn als Dichter, Utopisten, politischen Reaktionär verwerfen oder preisen, oder die ihrerseits verwirklichen, was er selbst gezeichnet hat als die Beliebigkeit des Unernstes, als den Glauben an die absolute Realität der Handfestigkeit des Materiellen, als den Nichtglauben des Nihilismus.

Wir geben eine kurze Übersicht über die Wirkungsgeschichte Platos:

a) *Akademie:* Plato wirkte durch seine Schule, die Akademie. Zu seinen Lebzeiten trafen sich hier selbständige Persönlichkeiten, die von weither kamen, vor allem bedeutende Mathematiker. Zwanzig Jahre lang gehörte Aristoteles der Akademie an. Man hat sie für ein Lehr- und Forschungsinstitut gehalten als den realen Hintergrund der Platonischen Dialoge: in den Dialogen komme nur fragmentarisch vor, werde aber nie vollständig mitgeteilt (Ideenlehre, Dialektik, Mathematik), was in Vorlesungen als systematische Lehre vorgetragen wurde. Die Dialoge wären exoterische Schriften, denen die esoterischen Lehren der Schule zugrunde gelegen hätten. Glaubwürdiger ist, daß die Dialoge Abbilder und Idealbilder der schönsten in der Akademie stattgefundenen Gespräche sind, jener Freiheit und Schwebe des Denkens aus dem Ursprung tiefen Ernstes. In dem Kreis der Akademie sind die wirklichen Gespräche geführt worden, aus denen Plato die außerordentliche Erfahrung des gewissenhaften Dialogisierens, der Entgleisungen, der persönlichen Freundschaft im sachlichen Miteinander, der Weisen der Gegnerschaft und Fremdheit hatte, und vor allem die des Gelingens oder Mißlingens des Aufschwungs durch das Philosophieren.

Die Akademie als Schule wird viele Erscheinungen sich haben entfalten lassen, die dem Platonischen Geiste ungemäß waren. Die Schule kann im Sinne Platos nur gelingen, wenn alle ihre Glieder selbständige Menschen im unabhängigen Miteinander zwischen Lehrer und Schüler sind. Sonst entwickelt sich in den Schülern die Neigung zum dogmatischen Meinen bestimmter Thesen, zum parteilichen Abschluß gegen andere, zum gewaltsamen Behaupten unter Verlust kämpfender Kommunikation, zum Gehorsam und zur Schwärmerei. Was in der Natur jeder Schulbildung liegt, dieser dem Platonischen durchaus widrige Geist, triumphierte sogleich mit Platos Tod.

Speusippos und Xenokrates brachten eine Dogmatisierung Platonischer Gedankenchiffern unter Verlust selbständigen philosophischen Lebens. Aristoteles trat aus, gründete eine eigene Schule mit freier Forschung unter Verlust des Platonischen Geistes. In späteren Generationen hat die sogenannte akademische Skepsis etwas von der Eleutheriotes Platonischen Denkens in matter Weise ihrerseits dogmatisiert. Aber diese Schule bewahrte von ihrem Ursprung her einen Lebensfunken, etwas von uneingeschränkten Möglichkeiten, die wieder durchbrechen konnten. Die Schule bewahrte eine ungewöhnliche Beweglichkeit und die Kraft, edle Philosophengestalten mannigfacher Art hervorzubringen. Die Akademie hat fast ein Jahrtausend bestanden; als sie gewaltsam geschlossen wurde, stand sie noch in hohem Glanz.

b) *Aristoteles:* Durch die Geschichte von mehr als zwei Jahrtausenden geht die Frage nach dem Verhältnis von Plato und Aristoteles. Immer hat die Entscheidung dieser Frage den Sinn des Philosophierens bestimmt. Der Kampf zwischen Platonismus und Aristotelismus ist radikal gewesen. Aber es gab als Drittes den Glauben und den Versuch des Nachweisens, beide seien im Grund einig und eins.

Diese vereinigende Haltung fällt zugunsten Platos aus, wenn Aristoteles nur für logische Formen und für besondere Wissenschaften herangezogen wird. Sie fällt zugunsten des Aristoteles aus, wenn Plato als Vorläufer gilt, so daß Aristoteles in reinerer und klarerer Form bewahrt, was Plato in der Vereinigung von Denker und Dichter zwar schön, aber nur in Ansätzen gegeben habe, und mit Irrtümern, die Aristoteles in Ordnung brachte, im Sinne des Aristoteles selber, der sagte, Platos Stil sei aus Poesie und Prosa gemischt.

Wenn aber angesichts von Plato und Aristoteles für den Nachfolgenden die Wegkreuzung offenbar und also die Entscheidung für einen der drei Wege notwendig ist, so ist vom Platonischen Raum her zu sagen:

Für Aristoteles liegt das eigentliche Sokratisch-Platonische Denken außerhalb des Blickfeldes. Er, der so außerordentlich viel verstanden hat, versteht gerade dieses nicht, auch wenn er in der Jugend davon betroffen und von daher in der Stimmung, nicht in seinem Denken, sich dazugehörig fühlen kann. Aristoteles' Kritik, etwa an dem Satze, daß Tugend Wissen sei und niemand wissentlich Unrecht tun könne, oder an den Ideen, die außerhalb der Dinge selbständig existieren, ist für den Verstand stets plausibel und durchschlagend. Aber der Sinn der Platonischen Sätze ist darin verloren, also auch nicht getroffen.

Aristoteles ist der erste, der Platos Denken philosophiehistorisch einordnete: Es »folgte die Lehre Platos, die sich zwar großenteils der Lehre der Italiker (Pythagoreer) anschloß, doch daneben auch einiges Eigene hatte«, nämlich was von Kratylus und Sokrates kam. Gegen diese einordnende Denkungsart ist zu fragen, ob man Platonisches Denken überhaupt einem andern, übergreifenden, sachlich objektiv gewonnenen Maßstab unterordnen kann, wenn man es verstehen will. »Lehrstücke« aus Platos Werk mögen so behandelt werden, aber nicht Platos Philosophie. Nur aus Plato selbst kann der Maßstab für das Wesen der Philosophie gewonnen werden. Der überlegene Ort, von dem her Aristoteles einordnet, ist die Aristotelische Philosophie, eine bloße Verstandesphilosophie, die sich zur absoluten macht. Was sie nicht sieht, behandelt sie als nicht existent. Was sie beurteilt, denaturalisiert sie zunächst zu einem ihr selbst zugänglichen rationalen Sinn.

Die Größe des Aristoteles wird an anderem Orte in diesem Werke dargestellt. Hier war nur auf die Frage der Beziehung von Plato und Aristoteles hinzuweisen als auf einen Schicksalszug der abendländischen Philosophie.

c) *Neuplatonismus:* Der Neuplatonismus, begründet durch Plotin (ca. 203–270), ist die Gestalt, durch die Platonisches Denken unter Verlust seines ursprünglichen Sinns weiterwirkte. Platonismus ist durch mehr als ein Jahrtausend Neuplatonismus, nicht das Denken Platos. Der Zug von Aktivität in Plato ist verschwunden im Kontemplativen. Die Nüchternheit und Härte, das Entweder-Oder in Plato sind stumpf geworden, der Schnitt (tmema) ist in der Stufenlehre überbrückt, der kühle Eros in einer schwärmerischen, schließlich zauberischen Mystik verloren. Die Philosophie macht den Anspruch, Religion zu sein. Zwar wird die Unabhängigkeit der Philosophie bewahrt, der Philosoph aber zum »Hierophanten der ganzen Welt« (Proklos 410–485).

Plato dachte nicht daran, Religionsstifter zu sein. Aber er wurde es. Wie Proklos schließlich den Rahmen des Neuplatonismus ausfüllte mit allen Göttergestalten der Spätantike, eine griechische Theologie schuf, so füllte Origenes den Platonischen Rahmen mit biblischen und christlichen Gestalten und begründete mit Platos Hilfe die christliche Theologie. Proklos und Origenes sind darin verwandt, so daß der christliche Pseudodionysios Areopagita (um 500) seine Gedanken zum größten Teil der griechischen Theologie des Proklos entnehmen konnte.

Augustin ist Neuplatoniker. Er verwandelte Platos Demiurgen, der die Welt aus der Materie des Raums hervorbrachte, zum biblischen Weltschöpfer, der sie aus dem Nichts rief, – verwandelte die Ideenwelt zu den Gedanken Gottes, aus dem der Logos hervorgeht, – setzte an die Stelle der Selbstbefreiung durch Umkehr die Erlösung von der Erbsünde durch Gnade.

d) *Platonismus im Mittelalter, der Renaissance und der Aufklärung:* Der Platonismus des *Mittelalters* ist von Scotus Eriugena und der Schule von Chartres bis Meister Eckhart und Nicolaus Cusanus zu gutem Teile der Neuplatonismus, der von dem heidnischen Proklos über den christlichen Dionysios kam und der von Eriugena ins Lateinische übersetzt wurde. Seit dem 12. Jahrhundert kannte man den

Timäus, einen Teil des Parmenides, dann den Phaidon und den Menon. Erst seit dem 15. Jahrhundert wurden der Staat und alle übrigen Dialoge bekannt.

In der *Renaissance* wurde Plato im Kreise der Florentiner Akademie um Marsilius Ficinus enthusiastisch verehrt als der Mann, der die zwei Wege der Glückseligkeit (Jamblichus), den philosophischen und den priesterlichen, vereint habe. Für Ficinus war er der scharfsinnige Dialektiker, der fromme Priester und dazu der große Redner. Die mittelalterliche Überlieferung vereinte sich mit der neuen Kenntnis aller Dialoge ohne Bruch, ohne zur Erkenntnis des eigentlichen Plato zu gelangen. An dieser Bewegung nahmen später die englischen Platoniker teil: Cudworth (1617–1688), More (1614–1687). Der Eros und das Schöne traten in den Vordergrund zugleich mit den alten religiösen Gehalten.

Eine ganz andere Wirkung Platos – gegründet auf den Menon, Theätet und Sophistes – zeigte sich in Kepler und Galilei. Sie erfuhren hier Impulse für ihre neue, moderne mathematische Naturwissenschaft gegen Aristoteles.

Leibniz richtete zuerst den Blick mit Bewußtsein auf den wirklichen Plato, ihn unterscheidend von der über anderthalb Jahrtausende dauernden neuplatonischen Überlagerung: »Es gilt, Platon aus seinen eigenen Schriften zu verstehen, nicht aus Plotin oder Marsilius Ficinus, die dadurch, daß sie stets nur dem Wunderbaren und Mystischen nachgingen, die Lehre dieses großen Mannes verfälscht haben..., die späteren Platoniker haben die treffliche und gegründete Lehre des Meisters über Tugend und Gerechtigkeit, über den Staat, über die Kunst der Begriffsbestimmung und Begriffseinteilung, über das Wissen von den ewigen Wahrheiten und über die eingeborenen Erkenntnisse unseres Geistes in den Hintergrund geschoben... Denn die Pythagoreer und Platoniker, Plotin und Jamblichus, ja selbst Proklos waren völlig in abergläubischen Vorstellungen befangen und rühmten sich der Wunder... Wer aber unbefangen und gehörig vorbereitet an Platon selbst herantritt, der wird in ihm wahrhaft heilige Moralgebote, die tiefsten Gedanken und einen wahrhaft göttlichen Stil finden, der bei all seiner Erhabenheit doch stets die höchste Klarheit und Einfachheit bekundet.«

Die *Aufklärung* schuf sich ihren neuen Platonismus der Bildung und der Praxis. Shaftsburys (1671–1713) und Hemsterhuis' (1721–1790) ästhetischer Platonismus wurden für die deutsche Klassik bedeutsam. Franklin (1706–1790) fand im Platonischen Dialog das Vorbild des

Miteinanderredens, das er als Erzieher des öffentlichen Daseins in Amerika zur Geltung brachte.

e) Das *neunzehnte Jahrhundert* bis heute hat (von Schleiermacher bis Jaeger) eine kritisch-methodische Erkenntnis des historischen Plato gewonnen, wie sie vorher nie da war. Seine Wirklichkeit könnte nun unverschleiert wieder als sie selbst zur Geltung kommen. Oder wird auch diese historische Kenntnis wieder zerrinnen, wird sie in endlosen Quisquilien sich auflösen, und wird mit ihr selber auch Platos Wirkung vorläufig am Ende sein? Haben wir noch Kunde gewonnen von Platos Freiheit und Weite und Reichtum, von seiner Unbefangenheit und Klarheit, von ihm als dem Augenblick einer Höhe, die schon damals sogleich wieder verlassen wurde? Darf dies für uns eine bloße Kunde bleiben ohne Teilnahme unserer eigenen Wirklichkeit? Solche Kunde soll nicht sein. Sie würde selber zerrinnen und verschwinden.

I. Quellen

Opera, rec. Ioannes Burnet, Tom. I–V, Oxford o. J.

Sämtl. Werke, deutsch v. O. Apelt u. a., mit Gesamtregister, Leipzig 1911 bis 1920.

Werke, übers. v. F. Schleiermacher, I, 1–III, 1, 2./3. Aufl., Berlin 1855 bis 1862.

Dialoge I–IV, übertr. v. E. Salin (Apologie, Kriton, Phaidon – Theaitet – Euthyphron, Laches, Charmides, Lysis–Gastmahl, Phaidros), Sammlung Klosterberg, Basel 1945–1952.

Lexicon Platonicum, v. F. Ast, 3 Bde., 1835, Neudruck Berlin 1908.

II. Literatur

Ackermann, C.: Das Christliche im Plato und in der platonischen Philosophie, Hamburg 1835.

Apelt, Otto: Platonische Aufsätze, Leipzig–Berlin 1912.

Bonitz, Hermann: Platonische Studien, 2. Aufl., Berlin 1875.

Bruns, Ivo: Das literarische Porträt der Griechen im fünften und vierten Jahrhundert vor Christi Geburt, Berlin 1896.

Burnet, John: Die Anfänge der griechischen Philosophie; Deutsch nach der zweiten englischen Aufl., Leipzig 1913.

Frank, Erich: Plato und die sogenannten Pythagoreer, Halle (Saale) 1923.

Fränkel, Hermann: Wege und Formen frühgriechischen Denkens, München 1955.

Friedemann, Heinrich: Platon – Seine Gestalt, Berlin 1931.

Friedländer, Paul: Platon: Bd. 1: Eidos, Paideia, Dialogos, Berlin 1928; 2. Aufl. unter dem Titel: Seinswahrheit und Lebenswirklichkeit, Berlin 1954.
Bd. 2: Die Platonischen Schriften, Berlin u. Leipzig 1930.

Geffcken, Johannes: Griechische Literaturgeschichte, 2 Bde., Heidelberg 1926–1934.

Hoffmann, Ernst: 1.: Platonismus und Mittelalter; Vorträge der Bibliothek Warburg 1923–1924, Leipzig–Berlin 1926, S. 17–82.
2.: Platonismus und Mystik im Altertum; Sitzungsberichte der Heidelberger Akademie der Wissenschaften, Phil.-Hist. Klasse, Heidelberg 1935.
3.: Platon, Zürich o. J. (1950).

Meyer, Eduard: Geschichte des Altertums: Bd. 2: Geschichte des Abendlandes bis auf die Perserkriege. – Bd. 3: Das Perserreich und die Griechen, 2. Aufl., Stuttgart 1912.

Natorp, Paul: Platos Ideenlehre – Eine Einführung in den Idealismus; zweite, um einen metakritischen Anhang vermehrte Ausgabe, Leipzig 1921.

Huber, Gerhard: Das Sein und das Absolute – Studien zur Geschichte der ontologischen Problematik in der spätantiken Philosophie, Basel 1955.

Jaeger, Werner: 1.: Paideia, 3 Bde., Berlin 1934–1947.
2.: Die Theologie der frühen griechischen Denker, Stuttgart 1953.

Krüger, Gerhard: Einsicht und Leidenschaft – Das Wesen des platonischen Denkens, Frankfurt a. M. 1939.

Leisegang, Hans: Die Platondeutung der Gegenwart, Karlsruhe 1929.

Richter, Arthur: Neuplatonische Studien (Heft I: Leben und Geistesentwicklung des Plotin, Heft II: Lehre vom Sein, Heft III: Theologie und Physik, Heft IV: Psychologie, Heft V: Ethik), Halle 1864–1867.

Ritter, Constantin: Platon – Sein Leben, seine Schriften, seine Lehre, 2 Bde., München 1910–1923.

Ross, David: Plato's Theory of Ideas, Oxford 1951.

Schwartz, Eduard: Charakterköpfe aus der antiken Literatur (darin: Sokrates und Plato, Polybios und Poseidonios, Cicero, Diogenes und Krates, Epikur), Berlin 1902, 4. Aufl. 1912.

Stenzel, Julius: 1.: Zahl und Gestalt bei Platon und Aristoteles, Leipzig–Berlin 1924.

2.: Studien zur Entwicklung der Platonischen Dialektik von Sokrates zu Aristoteles, 2. Aufl., Leipzig–Berlin 1931.

3.: Sokrates, in: Pauly-Wissowa, Realencyklopädie, Stuttgart 1926.

Zeller, Eduard: Die Philosophie der Griechen in ihrer geschichtlichen Entwicklung; 1. Aufl., 1844–1852 u. ö.; Register 1882.

Züsel, Edgar: Die Entstehung des Geniebegriffs – Ein Beitrag zur Ideengeschichte der Antike und des Frühkapitalismus, Tübingen 1926.